AF576290

Une christologie esthétique

Collection « Croire et savoir en Afrique »

dirigée par Benjamin SOMBEL SARR et Claver BOUNDJA

Cette collection veut être un lieu d'analyse du phénomène religieux en Afrique dans ses articulations avec le social, le politique et l'économique. L'analyse du phénomène religieux, ne saurait occulter les impacts des conflits religieux dans la désarticulation des sociétés africaines, ni ignorer par ailleurs l'implication des religions dans la résolution des conflits sociaux et politiques. L'approche religieuse plurielle de cette collection a comme objectif d'une part, d'étudier les phénomènes religieux à l'œuvre dans les sociétés africaines dans leurs articulations avec les grandes questions de société, et d'autre part de procéder à une étude scientifique et critique de la religion dans le contexte africain. Elle essaiera de déceler dans la religion non ce qui endort le peuple, mais les énergies créatrices et novatrices capables de mettre l'Afrique debout. Ainsi veut-elle montrer que si la religion peut être un frein au développement, elle est aussi acteur de développement. Le relèvement de l'Afrique doit se fonder sur des valeurs, et la religion est créatrice et fondatrice de valeurs.

Dernières parutions

ANDELY-BEEVE, *La gouvernance bantoue traditionnelle : la principauté Amaya*, 2016.
Claver BOUNDJA, *L'hospitalité cosmopolitique à l'épreuve du terrorisme*, 2016
Georges MABONA, *Ma passion pour Sainte-Anne du Congo, Une basilique du souvenir*, 2016.
Benjamin SOMBEL SARR, *Vie consacrée et prophétisme en Afrique*, 2015.
Jean-Maurice GOA IBO, *Spiritualité incarnée*, 2015.

Futher-de-Borgia TOUMANDJI

Une christologie esthétique

Enjeu des intuitions de Hans Urs von Balthasar dans La Gloire et la Croix

Préface de Paul-Marie Fidèle Chango

5-7, rue de l'Ecole-Polytechnique, 75005 Paris

http://www.editions-harmattan.fr

ISBN : 978-2-343-13105-4
EAN : 9782343131054

À la mémoire de mon co-novice, révérend père Mervy-Monseil Chancelin AMADI, dont le départ si inattendu vers la maison du Père au moment où j'apprenais encore l'alphabet théologico-droit-de-l'hommiste m'a mis en face d'un clair-obscur éternellement silencieux.

Au feu père Charles Thierry KONIAME, abbé Maxime NDOMACRA, Martine DENDO EREPE, Santa-de-Maryline et Isaac TOUMANDJI.

À toutes les victimes des crises militaro-politique en Afrique et particulièrement en Centrafrique et en Côte d'Ivoire,

Je dédie ce livre.

L’acte du merci

« *Denken ist danken* : *penser c’est remercier* » disait le philosophe Martin Heidegger. La pensée est écho, reconnaissance du Beau dans une figure, recueillement esthétique et action de grâces. L’acte du merci est et demeure une réponse vis-à-vis de l’Autre, tel qu’il est avec ce qu’il a de beau. Il nous invite sans cesse à descendre dans les intimités esthétiques les plus profondes pour examiner les choses dans leurs subtilités. C’est ce profond désir au creux de notre être-là dans le monde qui sans cesse veut se donner comme réponse à l’appel de l’autre qui nous montre le chemin du tout Autre.

Dans cet acte du merci, nous voudrions remercier les Professeurs : Henriette DANET, Benjamin Sombel SARR, Paul-Marie Fidèle CHANGO, Gaston OGUI COSSI, Brice BINI, Charles Alexandre WHANNOU de DRAVO, Adrien ESSOH, Richard FILAKOTA, Dago Gérard LEZOU, Kouassi Aimé MALANHOUA, Irène Olga YACE et Virginie KONANDRI, dont la rigueur et la confiance ont donné à cette miette esthétique d’exister, et au contact de qui nous avons eu la grâce d’assister au mariage spéculatif de l’élégance spirituelle de la pensée balthasarienne.

Aux Frères Michel LACHENAUD, Denis KANGALE, Serge PADOUNDJI, Aristide BESSE, Justin NDEMA, Evrard FIZOUA, Cyrille KERESSE, Paterne ATSE, Elisée SOMET, Valentin ADJROKOE, monsieur Benoît AVOAKA et Badia épouse ZADI Anick Hélène pour leur disponibilité et surtout pour les remarques positives dont nous avons bénéficié. Qu’ils soient ici assurés que nous ne saurions les oublier.

Nous remercions également nos parents : Anne-Marie DENATOU, Antoine YAHAKA, Pierrot YOELE, Marie

Noëlle KOYARA, Béatrice EPAYE, Thierry Clotaire NGARO et tous mes parents pour leurs encouragements.

Préface

La démarche épistémologique de l'esthétique théologique balthasarienne et ses enjeux au détour de Kant, Goethe, Barth et Heidegger.

Même si de nos jours on s'en tient à reconnaître la notion de figure (*Gestalt*) comme fondamentale pour entrer dans l'univers de la pensée de Hans Urs von Balthasar, on n'aura pas fini de s'interroger sur ce qui peut être tenu pour le cœur de son œuvre. La clairvoyance et la pleine conscience de cette préoccupante interrogation, qui demeure d'actualité, n'ont nullement échappé à Balthasar lui-même. Un mois avant sa mort, dans son dernier discours à Madrid, le 10 mai 1988, il dévoilait, non sans une once d'incertitude mêlée de scepticisme ou d'un brin d'ironie, son inquiétude personnelle et son profond souci qui ont en permanence entretenu son constant effort de parvenir à répondre au questionnement de ses lecteurs et auditeurs sur ce qui pourrait être considéré comme l'unité intime et la logique interne de sa propre œuvre. « *Lorsqu'un homme a publié tellement de gros livres, disait-il, les gens se demandent : au fond, que veut-il dire ? [...] On voudrait pénétrer jusqu'au cœur de sa pensée [...] à supposer que ce cœur existe* »[1].

En effet, l'extraordinaire pugnacité intellectuelle du théologien de Bâle tout aussi bien que l'immense diversité et la prodigieuse fécondité de sa culture étaient telles que sa « *Schriftstellerei* » (ses propres écrits, comme il les désigne lui-même), se laisse appréhender en trois grandes catégories. La première concerne ses publications qui abordent les questions, d'une part, de *théologie*

[1] HANS URS VON BALTHASAR, *À propos de mon œuvre. Traversée,* Bruxelles, Lessius, 2002, p. 85.

[2] Hans Urs von BALTHASAR, « Essai pour résumer ma pensée »,

fondamentale (telle que la théologie de l'histoire et la problématique de la *réception* de Dieu chez l'homme de l'époque moderne et contemporaine) et, d'autre part, de *théologie spirituelle* (telle que la prière contemplative, la mission de/dans l'Église). La deuxième catégorie de cette répartition tripartite, rassemble ses ouvrages consacrés à des études théologiques initialement publiées sous forme d'articles puis reprises au fur et à mesure avec des articulations plus systématiques et plus enrichies dans ses *Skizzen zur Theologie* (« Esquisses de théologie »). Et la troisième catégorie enfin, l'« *opus magnum* », est son immense et impressionnante *Trilogie* qui, ni plus ni moins que les éditions d'origine, comprend dans les versions françaises, trois volets assez imposants qui sont, tout d'abord son *Esthétique* (*La Gloire et la Croix*, 7 vol. dans la traduction française) ; ensuite sa *Dramatique* (*La Dramatique divine*, 4 vol.) et finalement sa *Logique* (*La Théologique*, 3 vol).

Les questions qu'aborde Futher-de-Borgia Toumandji se concentrent sur le premier volet de ce « Triptyque » balthasarien. Toutefois, pour bien en saisir la pertinence il convient, au préalable, de se faire une idée sur *la démarche*, on ne peut plus cohérente, qui guide Hans Urs von Balthasar à travers son imposant monument.

Contrairement au théologien allemand Karl Rahner qui, dans la mouvance de Kant lestée d'une allure anthropologique, commence par l'homme – autrement dit, à partir de l'« expérience » transcendantale au cœur de laquelle tout homme se saisit nécessairement comme un être limité par nature et s'éprouve inéluctablement comme un être assoiffé de transcendance – pour arriver à Dieu en tenant compte de la manière dont cette « expérience » que fait inexorablement l'homme de sa propre finitude peut ouvrir un chemin de foi, Hans Urs von Balthasar commence, non pas par les conditions de possibilités de la *réception de la foi*, mais plutôt par la *perception* même de l'événement c'est-à-dire du *ravissement* que produisent *l'éclat* et le *rayonnement* intrinsèques à la « Gloire » de l'automanifestation divine dans la Révélation. Selon le théologien suisse, dans une rétrospective qu'il livre peu de temps avant sa mort, « *un être ''apparaît'', il s'ensuit une épiphanie : en cela il est beau et nous ravit. Apparaissant il se donne, il se donne à nous : il est bon. Et, se donnant, ''il s'exprime'', il se dévoile lui-même : il est vrai (en soi, et dans l'autre, auquel il se révèle)* »[2]. Aussi, la méthode de Hans Urs von Balthasar s'enracine-t-elle dans une démarche contemplative dont les repères sont fixés par *les aspects esthétiques de la révélation biblique*. Bien entendu, dans ses développements sur l'« évidence subjective », la théorie esthétique de Kant est fortement mise en valeur chez le théologien du Beau théologique. Mais pour Hans Urs von Balthasar, – qui, préférant Goethe à Kant, opte pour une démarche qui part de l'« *aperception* », et de l'« *apparition* » (*Erscheinung*) – c'est tout d'abord la figure (*Gestalt*) singulière de Dieu dans le Christ qu'il faut contempler d'un seul regard.

On observe donc, d'une part, que les principes fondamentaux de l'épistémologie théologique balthasarienne se rassemblent sous la détermination unificatrice d'une christologie de la figure (*Gestalt*) et, d'autre part, que le théologien du Beau divin adopte une démarche qui est à l'opposé d'une approche analytique ou discursive. Autrement dit, en phénoménologue et sous l'influence de la *conception barthienne* de la Révélation selon laquelle *le croire est corrélatif au voir*, Hans Urs von Balthasar conçoit l'expérience esthétique en tenant compte de la notion Goethéenne de figure (*Gestalt*) et en

[2] Hans Urs von BALTHASAR, « Essai pour résumer ma pensée », *Revue des Deux Mondes*, 1988, p. 104.

s'appropriant le concept heideggérien de phénomène selon lequel le phénomène est ce qui se montre soi-même par soi-même.

Ainsi, dans la mesure où l'étant est ''épiphane'', chaque chose *apparaît* et s'adresse à l'être connaissant sous une « *figure d'apparition* » (*Erscheinungsgestalt*) et dans un mode de manifestation caractérisé par *le voilement et le dévoilement de la présence*. De plus, dans l'unité de la « *figure d'apparition* » (*Erscheinungsgestalt*) de chaque chose réside une puissance d'interpellation qui est concomitante à son surgissement (*an-west*, « vient-en-présence », selon Heidegger) à la conscience connaissante. Bien entendu, cette puissance d'interpellation revendique dans son essence l'être connaissant qui peut *voir le tout d'un seul coup* ou même *voir le tout dans un seul fragment* de telle sorte que la réalité intrinsèque est finalement perçue comme *un tout* auquel l'être connaissant relie les fragments qui s'y rattachent. De ce fait, l'être connaissant peut, grâce à sa faculté d'*aperception transcendantale*, recueillir et poser l'unité des appréhensions partielles de la chose perçue qui, dès lors qu'elle est reçue, contribue à construire l'être connaissant lui-même et à l'approprier à lui-même en l'introduisant dans une dynamique d'autosurpassement théologal.

Dans cet ordre de considération, où l'esthétique théologique balthasarienne corrobore l'indissociabilité entre *l'évidence subjective* et *l'évidence objective* de l'expérience de foi, il appert qu'à l'« *aperception* » de la figure centrale de la Révélation chrétienne qu'est le Christ, le premier cri auquel on devrait s'attendre devrait être le jaillissement d'un cri d'admiration : *comme c'est beau !* Car « *Dieu ne vient pas premièrement comme Maître pour nous [pour nous enseigner le Vrai], ni comme Rédempteur efficace pour nous [pour nous ouvrir au Bien]. Il vient d'abord à cause de lui-même : pour montrer et rayonner la dimension de gloire de son amour trinitaire éternel, en ce total désintéressement que le vrai amour a en commun avec la Beauté* »[3].

Conséquemment, quiconque découvre réellement la splendeur infinie et la prégnance de cette transcendantalité du Beau et de la Gloire succombe à son ravissement et cette contemplation de la figure du Christ dans son unité organique et archétypique, qui apparaît dans cette catégorie de la séduction, amène, dans la configuration christique, à se surpasser en se laissant renouveler dans le rayonnement de la *présence divine* dont l'automanifestation devient suprêmement sensible dans l'autodissimulation kénotique.

Au regard, d'une part, de l'élan de la foi théologale et, d'autre part, de la spirale du témoignage et de l'engagement qu'impliquent, non seulement l'écoute mais aussi la mise en évidence du Beau divin enveloppant et transformant qui se déploie dans le Christ en qui Dieu par lui-même a pris une figure (*Gestalt*), Futher-de-Borgia Toumandji tente, dans le présent ouvrage, de cerner et d'élucider, à partir d'une argumentation strictement rationnelle et à travers un excellent arsenal théologique, *les enjeux de la christologie esthétique balthasarienne pour la beauté de la vie chrétienne et religieuse en Afrique*. De part en part, ce chef-d'œuvre théologique est d'un style exquis et d'une puissance de pensée apte à susciter un *ébranlement positif* des léthargies qui pourraient, par petits coups, contrister la beauté du témoignage chrétien et religieux au risque de l'engourdir dans de *vertigineuses torpeurs et procrastinations dont il faut se défaire* pour ne pas inhiber la vigueur évangélique

---

[3] Hans Urs von BALTHASAR, « Essai pour résumer ma pensée », *Revue des Deux Mondes*, *op.cit*, *Idem*.

tant souhaitée aux témoins de l'action prophétique déterminante de la mission de l'Église Famille en Afrique.

Paul-Marie Fidèle CHANGO
Professeur Permanent d'Exégèse Vétérotestamentaire |
École Biblique et Archéologique Française de Jérusalem |
Nablus Road/ Derekh Shekhem 83-85|POB 19053 |
Jérusalem, IL

Introduction

« Une christologie esthétique : Enjeu des intuitions de Hans Urs von Balthasar dans *La Gloire et la Croix* » est le thème de réflexion[4]. *La Gloire et la croix (t. I)* nous apparaît en effet comme une étape de floraison, où l'auteur a atteint un niveau de maturité qui lui permet de rendre compte du mystère de la foi chrétienne en fonction de la « *figure/Gestalt* ». Ainsi l'ouvrage lui-même est l'expression extérieure d'une vie spirituelle et théologique intérieure à laquelle nous pouvons communier. C'est dans cet ouvrage que Balthasar pense les linéaments d'une christologie esthétique à partir de la *figure* du Christ, puisqu'il affirme lui-même que « *cette figure se trouve au centre du premier tome. Tout le reste lui était ordonné* »[5].

Nous voulons interroger *La Gloire et la Croix (t. I)* de Hans Urs von Balthasar pour savoir si l'ouvrage nous propose des options fondamentales pour être chrétien et religieux en Afrique et faire l'expérience spirituelle de la figure esthétique du Christ, *topos (lieu)* de la manifestation d'une foi active pour un mode d'être chrétien et religieux en quête de témoignage authentique de son identité. Le thème tel que formulé, constitue une forte interpellation

---

[4] Cette réflexion est le prolongement d'une étude en théologie à l'Université Catholique d'Afrique de l'Ouest, Unité Universitaire d'Abidjan, en juin 2012, intitulée : « Le Christ, Centre de la figure objective de révélation et les expériences spirituelles de la figure du Christ dans *La Gloire et la Croix (t. I)* de Hans Urs von Balthasar », sous la direction de professeur Charles Alexandre WHANNOU de DRAVO et approfondie en cycle de master avec les apports du Professeur Henriette DANET en 2015, à l'Université Catholique d'Afrique Centrale, Institue Catholique de Yaoundé.

[5] Hans Urs von BALTHASAR, *La Gloire et la Croix*, *t. II, Styles d'Irénée à Dante*, Paris, Cerf, 1993, p. 10.

pour tous religieux-religieuse consacrés, quand des hommes et des femmes qui sont touchés et atteints par la figure esthétique du Christ, décident de s'investir et de se laisser transformer de l'intérieur pour être des relais physico-spirituels de la figure esthétique du Christ en action dans la société.

Ce thème souligne non seulement l'importance de la christologie esthétique et son applicabilité sotériologique, mais aussi et surtout la puissance de celle-ci dans l'expérience du religieux en Afrique en tant que *sequela Christ* pour le relèvement du continent de soleil en proie à la laideur négative du mal et de la mort. En affirmant cela, notre thème manifeste aussi l'enjeu de l'être chrétien et religieux perçu et exprimé de manière plate et artificielle. Cette artificielle compréhension de la figure esthétique du Christ, peut limiter certains chrétiens ou religieux africains à se contenter seulement d'invoquer Dieu à grands cris, en tout temps et à tout moment, à se limiter seulement à la récitation passive et non intelligible du chapelet, sans rien faire d'autre et attendre des miracles. Et c'est le cas de certains chrétiens et religieux qui entrent dans la vie chrétienne ou religieuse pour chercher que le confort spirituel et promouvoir la bassesse, le nombrilisme. Une telle attitude empoisonne, freine et plombe le beau divin dans son élan vers l'extérieur.

Mais en réalité, notre thème nous mène plus loin et en profondeur dans la saisie divine et humaine de la puissance implosive de la figure esthétique du Christ qui invite les chrétiens et les religieux africains à sa suite pour une aventure spirituelle et pratique enracinée dans le « *me voici* » christique. En effet, l'homme ou la femme laissé à lui-même est un être laid, évanescent, inconsistant, qui comme le vent, s'évanouit et disparaît comme une bougie sans trace ni lendemain. Il y a bien une urgence, celle de retourner au centre de la beauté divine, de repartir de la figure esthétique du Christ et de se laisser transfigurer dans la plus fine parcelle de la figure esthétique du Christ et devenir à notre tour et avec-les -autres, des signes de beauté de Dieu dans l'Eglise et dans la société africaine. Tel est l'enjeu proleptique de beauté de la vie chrétienne et religieuse en Afrique qu'il faut retrouver.

Les motivations d'une telle réflexion sont de trois ordres : christologique, spirituelle, pastorale. Le fondement, l'explication et la justification de notre compréhension de la christologie esthétique à travers la notion de « *figure* » esthétique chez Hans Urs von Balthasar se trouvent cachés dans le « mystère » de la manifestation du Christ, le Cœur et le Centre de la vie chrétienne et religieuse. Cette recherche va nous conduire à ce Cœur, et c'est à partir de ce Cœur-Centre de la Beauté des beautés religieuses que nous pourrons déployer une réflexion qui servira à répondre aux questions majeures que nous aurons recueillies tout au long de notre réflexion. Notons aussi que, parmi les théologiens de profession comme parmi les chrétiens et religieux soucieux d'approfondissement spirituel et doctrinal, Hans Urs von Balthasar est celui qui a su rendre compte, en toute rigueur, de la singularité du phénomène esthétique du Christ dont la reconnaissance constitue pour nous, la première motivation.

La pertinence de la christologie esthétique Balthasarienne réside dans la figure épiphanique du Christ qui déjoue les canons de la perception émotionnelle, les puissances de la raison raisonnante et de l'intellect laissé à lui-même. Pour fonder sa christologie esthétique, Balthasar à feuilleter et scruter la pensée des Pères de l'Eglise afin de mieux cerner et discerner quelques pages de ce *journal intime* que l'Eglise a écrit, et de s'ouvrir ensuite au mystère de la Révélation sous le mode esthétique. Du point de vue rationnel, Balthasar est aussi de loin et de près, héritier et disciple de Hegel, d'Heidegger et de Barth, trois noms, trois formes du savoir qui l'ont séduit et l'ont engagé dans les méandres phénoménologiques et surtout dans la manifestation singulière de la figure esthétique du Christ. C'est un penseur qui sans cesse attire notre attention sur la double profondeur du mystère du Christ et celle de l'homme-religieux.

Par cette étude, nous voulons saisir ce qui anime et met en mouvement la christologie esthétique de Hans Urs von Balthasar, qui est un religieux vivant, charismatique au sens strict du mot et un théologien dont toutes les œuvres sont informées par l'expérience spirituelle du Christ. Suite à une lecture méditative de *La Gloire et la croix (t. I)*, nous sommes touchés et atteints dans la fine pointe de notre être-religieux dominicain, par la substance spirituelle de ce théologien Suisse. « *Ce qui intéresse notre auteur est le problème religieux ou eschatologique, le destin spirituel de l'homme* »[6] devant et dans l'expérience esthétique de la figure du Christ. Nous trouvons dans la pensée de Balthasar, une démarche spirituelle articulée à la réalité existentielle. « *L'homme, la femme, l'amour, l'enfant, la joie, la tristesse, la mort, voilà le mystère, en qui Dieu s'incarne* »[7]. Pour nous, Balthasar est non seulement l'auteur qui réfléchit sur un Dieu qui se donne dans la figure esthétique du Christ, mais il est celui dont l'intensification de la vie spirituelle et de la réflexion christologique lui permettent de faire l'expérience figure esthétique du Christ.

---

[6] Jean-Marie FAUX, « *Un théologien : Hans Urs von Balthasar* », in Nouvelle Revue Théologique, n° 10, Paris, Maison Casterman, Décembre 1972, p. 1017.

[7] Jean-Marie FAUX, *Le Christ à venir, dans L'Avenir*. Semaine des intellectuels catholiques, 1963, p. 232.

Notre réflexion sur la christologie esthétique et la spiritualité qui en découle pour un engagement authentique du chrétien ou du religieux en Afrique est motivée par le constat du découragement de la société suite aux attitudes défaitistes des religieux en Afrique. Nous vivons dans une période où nous avons l'impression que les élites religieuses ont trahi le « me voici » ! Il ne s'agit pas ici d'accuser un tel ou un autre, mais de prendre au sérieux l'histoire des grands chocs et des blessures causés par les religieux en Afrique, les transformer en signe d'espoir pour l'Afrique avec le Christ. Cela est possible que si nous acceptons un « *retour au centre, à l'unité de reploiement vers la simplicité originelle, qui est à la fois celle des petits dont parle l'Evangile et celle même de Dieu* »[8].

A côté de cette misère spirituelle et apostolique exprimée par le relâchement clérical, se dessine et s'ajoute la prolifération des communautés nouvelles qui font l'option des séances d'évangélisations publiques, séances extrêmement chaudes, émotionnelles, transpirantes. Séances dont tout le monde sort fatigué, sans percevoir les miettes substantielles de la foi chrétienne au sens catholique du terme. Ce genre de pastoral ne répond pas souvent à des besoins et à des défis spécifiquement réels des fidèles : besoin de faire une expérience mystique de Dieu, besoin de percevoir et de recevoir le sens, le motif et le pourquoi de la vie dans la figure du Christ, afin de rendre compte de sa foi active et espérer une vie de foi dans le témoignage quotidien.

Si le problème de la centralité du Christ dans la vie des chrétiens/religieux ne cesse d'être posé, ce n'est pas pour des raisons de curiosité ou pour d'autres motifs liés à

---

[8] Jean-Marie FAUX, *Le Christ à venir, dans L'Avenir*. Semaine des intellectuels catholiques, *op.cit.*, p. 102.

diverses conjonctures, mais parce qu'il constitue, consciemment ou non, l'expérience intime de tout chrétien/religieux. Poser la question de son propre être-religieux est la dimension fondamentale de la personnalité de celui qui pose une telle question. Dès lors, la question est ineffaçable de la conscience elle-même, et constitue une perpétuelle interpellation sur soi-même de manière engageante. Cependant, le simple constat de l'existence et le sens de la vie religieuse, nous rappellent que, pour nous religieux, en particulier les religieux africains, Jésus-Christ vient à nous et, nous l'acceptons à partir des sacrements d'initiation pour qu'il soit notre Sauveur. Mais nous sommes aussi issus de milieux culturels divers, nous avons une certaine manière de voir le monde, de vivre, et d'entrer en contact avec les forces invisibles. Devenus religieux, nous restons parfois dans nos milieux de vie, exposés ou soumis aux mêmes habitudes, aux mêmes coutumes et traditions. Devons-nous continuer à vivre comme par le passé, en suivant à la lettre tout ce que les traditions prévoient ou exigent, ou devons-nous tout abandonner et suivre Jésus-Christ ?

Aujourd'hui, vu l'enjeu de la foi dans les crises existentielles, on peut se demander si « *Jésus forme devant le spectateur une figure telle qu'elle ne peut être déchiffrée comme figure que si ce qui apparaît en elle est – doit-on* [dire] *vue ou crue ?* »[9]. Cette assertion balthasarienne permet précisément de formuler et donc de poser le problème dans toute son intensité : comment percevoir et expérimenter la figure esthétique du Christ ? D'abord, pourquoi la figure esthétique du Christ ? En nous centrant sur la « figure du Christ », notre problématique est avant tout christologique. Elle est christologique au

[9] Hans Urs von BALTHASAR, *La gloire et la croix, t. I*, Paris, Aubier, 1965, p. 129.

sens où, on ne saurait dissocier les expériences spirituelles de la figure esthétique du Christ en tant qu'expression vivante de l'action de Dieu pour le salut des hommes. Voilà ce que nous voulons analyser en prenant comme clé de lecture la notion de « figure » esthétique du Christ dans *La gloire et la croix (t. I)*.

Notre hypothèse est fondamentalement exprimée par Balthasar lui-même sous la forme de la proclamation de foi : « *L'être chrétien n'est figure [...] que s'il devient réellement cette figure voulue et fondée par le Christ ; figure dans laquelle l'extérieur exprime et reflète, d'une manière de foi pour le monde, un intérieur, et celui-ci, étant prouvé et justifié dans sa vérité, est rendu digne d'amour [...] par la manifestation extérieure* »[10]. Etre-reçu dans la figure du Christ, Centre de la figure esthétique objective de la révélation, c'est reconnaître dans la figure du Christ que la vie et l'expérience religieuse n'ont de sens qu'à partir de la figure du Christ, en elle, par elle et pour la beauté sotériologique de la personne humaine. Sans cette saisie christologique fondamentale, la vie chrétienne ou religieuse perd sa substance et sa maturité spirituelle.

L'allure très abstraite, la rigueur systémique et la singularité du phénomène Christ que présente Hans Urs von Balthasar ne nous permettent pas d'accéder librement et totalement à l'essentiel de sa christologie esthétique. Pour nous, Balthasar demeure un auteur inclassable. Signalons que notre but ne consiste pas à analyser tous les matériaux utilisés par l'auteur pour construire sa christologie esthétique à proprement parler. Outre, la saisie exégétique et patristique de ses œuvres théologiques est un préalable dont nous ne sommes pas encore capables

---

[10] Hans Urs von BALTHASAR, *La gloire et la croix, t. I*, *op.cit*, p. 24.

de rendre compte dans cette étude préliminaire, ceci pour des raisons qui tiennent à la documentation spécifique, aux limites de nos connaissances exégétiques et patristiques.

Loin d'être une simple reprise de citations sur un thème précis, bien que nous nous intéressions essentiellement à *La Gloire et la Croix (t. I)*, nous pensons appliquer une démarche dite « phénoménologique » pour faire surgir le sens *Christo-esthétique* et missionnaire de « *Gestalt /Figure* ». Elle est phénoménologique en raison du choix de notre auteur, parce que, la méthodologie balthasarienne se veut une méthode d'intégration dans laquelle tout est harmonie et symphonie. Le terme « phénoménologie » peut être aussi appliqué dans le sens de ce qui apparaît (*Φαίνω*) et qui doit se laisser entendre (*λόγος)*. La contemplation de la figure (*Gestalt*) est simultanément une capacité de réception auditive.

En philosophie, la phénoménologie avec Hegel, Husserl et Heidegger, est une méthode requise pour « *aller à la chose-même* ». Balthasar saisit la dynamique « phénoménologique », mais il n'en est pas resté à ce niveau purement sensible. Il est allé plus loin pour découvrir, par ce type d'expérience *phénoménologico-esthétique*, une profondeur métaphysique qui s'ouvre au monde théologique pour comprendre que la figure esthétique du Christ se manifeste visiblement comme une parole qui convoque tout notre-être (« *καί ό λόγος σάρξ ἐγένετο* » « Et le Verbe s'est fait chair » (Jn 1, 14)). Toutefois, cette méthode ne vise pas à exposer successivement la logique théologique de *La gloire et la croix (t. I)*. L'œuvre sera saisie selon son unité esthétique, tout en respectant les mouvements de la pensée de Balthasar. Cette œuvre librement choisie, vise à tourner notre regard vers le Christ lui-même, à éduquer notre capacité de voir, de contempler et d'agir dans la société. C'est pourquoi la phénoménologie est convenable pour retracer les textes majeurs qui traitent de « *Gestalt* » et pour laisser s'exprimer le sens qu'ils donnent à entendre.

Notre travail comportera trois parties. Nous proposons dans la première partie, de suivre Hans Urs von Balthasar, de son déblayage conceptuel de la « figure » à son déploiement épiphanique. Ainsi, notre première partie dévoilera pas à pas la notion de figure et cela en trois chapitres. Dans le premier chapitre, nous étudierons le concept de « figure », et à la lumière de cette notion, nous serons amenés à découvrir le sens théologique de ce concept si cher à Balthasar et cerner ce qu'il propose pour la foi. Ensuite, le deuxième chapitre nous offre le monde de la figure esthétique comme signe, l'espace par lequel et dans lequel la figure esthétique du Christ se manifeste et s'adresse au monde. Enfin, le troisième chapitre exposera les modes d'expression de la figure esthétique de la foi. Il s'agit, ici, d'illustrer l'état du déploiement de la figure de la foi.

Ce déblayage, couche par couche, nous permettra de mieux apprécier dans une deuxième partie en trois chapitres la centralité du Christ figure esthétique objective de la révélation, sa médiation en tant que Figure de l'Ecriture et de l'Eglise pour mieux dégager son originalité. Après avoir exploré dans la première partie la notion de figure, le premier chapitre de la deuxième partie, consistera à rendre accessible et disponible la figure esthétique objective de la révélation. Le second chapitre entend montrer la figure esthétique du Christ comme centre de la figure objective de révélation. Le troisième chapitre précisera les attaches possibles de la figure esthétique du Christ et sa médiation scripturaire et ecclésiologique.

La troisième partie est intitulée : « Repartir des expériences spirituelles de la figure esthétique du Christ pour redonner du sens à la figure du religieux Afrique. Le premier chapitre sera une compréhension des expériences archétypes à partir de celle du Logos. Ensuite, le deuxième chapitre se proposera de rappeler les sens spirituels et les conditions de l'apostolat chrétien. Enfin, le troisième chapitre nous permettra d'analyser les enjeux de figure esthétique du Christ pour penser et espérer la beauté de la vie religieuse en Afrique.

Première partie :
Du déblayage conceptuel aux modes d'expressions de la Figure esthétique du Christ

Notre étude nous conduit à analyser le concept « *figure* » en général et celui de « *Figure du Christ* » en particulier. Dans ce cadre, nous aborderons notamment la question du mythe perçu comme figure et le débat philosophico-théologique sur la notion de figure. Nous parlerons également de la « figure » esthétique selon Balthasar. Ainsi, le chapitre premier sera consacré à « *frayer lentement une voie d'approche vers l'objet de notre requête* »[11]. Nous nous placerons progressivement au niveau exigé de la figure esthétique, niveau selon lequel l'être-chrétien est figure. Comment ne le serait-il pas, puisqu'il est grâce, possibilité d'existence que nous ouvre ce Dieu qui nous justifie selon Balthasar[12].

Chapitre I : Du déblayage conceptuel à la compréhension de la figure esthétique

L'étude que nous allons maintenant entreprendre concerne la pertinence du concept de la figure. Il s'agit de voir d'une part, comment ce concept est perçu d'une manière mythique, et comment il est reçu dans la

---

[11] Hans Urs von BALTHASAR, *La gloire et la croix,* t. I, *op.cit*, p. 10.

[12] Selon la présentation d'Achiel PEELMAN dans *Le salut comme drame trinitaire, la theodramatik de Hans Urs von BALTHASAR* : « *Balthasar ne possède pas de doctorat en théologie et n'a jamais été associé à une institution théologique ou universitaire. Ne serait-il pas plutôt un philosophe, un poète, un écrivain, un éditeur, un mystique, ou tout cela ensemble ? Sa bibliographie est absolument impressionnante : 119 livres, 532 articles, 114 contributions à des œuvres collectives, 110 traductions d'auteurs classiques et modernes, pour nommer seulement l'essentiel* ». Paris, Médiaspaul, 2002, p. 7.

révélation à travers les normes esthétiques. D'autre part, nous évaluerons l'importance du choix de ce concept dans la perspective balthasarienne.

1.1. Du mythe comme figure à la figure esthétique du Christ dans la révélation

Le terme « mythe » est polyvalent. Pour Carl-Gustav Jung et Charles Kerényi « *le mythe dans une société primitive, c'est-à-dire le mythe sous sa forme vivante et spontanée, n'est pas une histoire racontée seulement, mais une réalité vécue [...] une vérité effective, vivante* »[13], dont on croit qu'elle s'est produite aux époques les plus anciennes et qu'elle continue depuis à influencer le monde et les destinées humaines. Ainsi, le mythe apparaît comme la reconstruction de l'univers en partant du point autour duquel et à partir duquel celui qui cherche la raison d'être s'organise soi-même. C'est là le but le plus noble des mythes, la recherche de la raison d'être par excellence. Alors comment comprendre le mythe comme figure ?

Dans l'histoire de la philosophie antique, particulièrement dans l'antiquité grecque, les hommes percevaient les dieux grecs sous un aspect éternellement juvénile. À titre illustratif, « *Hermès et Apollon, en tant que types purs et parfaits, se manifestent le plus clairement, parmi tous les types de l'humanité, dans la figure du jeune homme qui est de tous les temps. Il en est de même pour la figure de Zeus, qui est celle de l'homme d'aspect royal* »[14]. En clair, l'hellénisme archaïque voyait son Hermès, son Apollon, son Zeus comme des figures intemporelles que chacun de ses dieux représente, figures

[13] Carl-Gustav JUNG et Charles KERENYI, *Introduction à l'essence de la mythologie*, Paris, Payot, 1974, p. 17.
[14] *Ibid*, p. 44.

quasiment dépourvues d'âge. Citant un penseur de son époque qui voyait en Socrate une figure transparente du Christ, Balthasar précise que « *pour Hamann [...], Socrate est, avec sa maïeutique, la figure transparente du Christ* »[15]. Dans cette affirmation, Socrate est perçu, non seulement comme un symbole vivant, mais un symbole transparent du Christ. En outre, ces figures constituent le mode d'expression visuelle le plus simple pour cette existence intemporelle, et cela a la valeur d'un symbole.

Le mythe perçu comme figure était le lieu « *où le divin possédait pour l'homme une figure d'abord positive* »[16]. Dans l'instant historique où la philosophie commence à se détacher réflexivement de la mythologie, le christianisme de son côté considère la révélation biblique comme unique apparition authentique de Dieu et met un point final à toute mythologie, au sens où « *la révélation chrétienne chassera les mythes des archontes du monde et les remplacera par la splendeur de la véritable épiphanie de Dieu [...] le Dieu vivant d'Abraham, d'Isaac et de Jacob évacuera également toutes les théories philosophiques sur Dieu, le monde et l'homme* »[17]. Dans le souci de préciser sa définition de « figure », Balthasar cherche d'abord à cerner la figure du mythe en vue de dégager son sens théologique. Sans préjugé d'un inventaire exhaustif du mythe, il est important de noter qu'il y a aussi dans le monde non chrétien une tension entre le champ du mythe et celui du logos. Ainsi, avant de dévoiler l'approche balthasarienne de « figure », il est nécessaire de préciser

[15] Hans Urs von BALTHASAR, *La gloire et la croix, t. III, Styles de Jean de la croix à Péguy,* Paris, Cerf, 1972, p. 132.
[16] Hans Urs von BALTHASAR, *La gloire et la croix,* t. I, *op.cit*, p. 120.
[17] *Ibid*, p. 121.

ce que l'auteur appelle « la norme esthétique de la figure ».

1.2. La norme esthétique de la figure du Christ

La saisie immédiate de la pensée essentielle du mystère de la révélation que prône Balthasar est difficile, si l'on ne prend pas le temps nécessaire pour comprendre la logique et le fond de son texte. Ainsi, il est avant tout important de préciser au fur et à mesure les termes que Balthasar utilise pour exprimer sa pensée. A ce propos, il est inévitable que le mot "esthétique" soit pris, dans son sens profane, limitatif et par là péjoratif ; un regard jeté sur la teneur de la Bible nous apprend aussitôt qu'ainsi compris, ce sens ne peut être considéré comme la valeur biblique suprême. Selon Balthasar, « *ce que nous appelons ici "esthétique" a donc un caractère purement théologique : c'est la perception et l'accueil, que la foi seule rend possible, de l'amour souverainement libre de Dieu manifestant sa gloire* »[18]. Une esthétique ainsi entendu n'a rien de commun avec l'esthétique philosophique. L'analyse de Balthasar sur l'esthétique prend au sérieux la teneur de la Sainte Ecriture reçue dans la foi comme étant le véritable lieu de l'accueil et de la manifestation de la gloire de Dieu. Cela posé, une esthétique théologique fidèle à son objet doit se développer en deux temps. D'abord la doctrine de la perception – ou théologie fondamentale ; l'esthétique (au sens kantien) comprise comme doctrine de la découverte de la figure de Dieu qui se révèle. Ensuite la doctrine du *ravissement* ou théologie dogmatique ; l'esthétique est alors la doctrine de l'incarnation de la gloire divine et de l'homme appelé à y participer.

---

[18] Hans Urs von BALTHASAR, *L'amour seul est digne de foi*, Paris, Aubier, 1966, p. 10.

Dès lors, la norme esthétique de la figure apparaît comme la disponibilité de l'homme à s'ouvrir à son Créateur. Cette ouverture comme démarche de foi nécessite un pas authentique et que ce pas nous fasse pénétrer dans le domaine de la foi, à savoir la foi confiante, de se remettre en même temps entre les mains de l'Esprit Créateur. En sa signification profonde, la norme esthétique de la figure laisse voir dans la sphère chrétienne, *« un art de cette sorte apparaît dans les figures que forment les existences élues [...] celle d'un homme qui dans la foi a renoncé à se construire lui-même, et qui s'est mis à la disposition de l'agir divin, pour lui servir de matériau. Abraham, Isaac, Jacob, Joseph, Moïse, [...] »*[19]. Ici, la norme esthétique de la figure est inscrite dans l'art divin et dans ce que Balthasar appelle la *sainteté façonnée par Dieu*.

Par norme esthétique de la figure au sens balthasarien, nous percevons, une nouvelle figure spirituelle, sculptée dans la pierre de l'existence elle-même. Ce sont des figures spirituelles dans lesquelles et par lesquelles jaillit la flamme de Dieu dans l'existence, précisément, ce sont « *les figures terrestres encore voilées du salut* »[20] bien qu'à travers ces figures terrestres, certains hommes voient la beauté de l'histoire du salut transparaître objectivement à travers ces voiles. Or, tout chrétien digne de ce nom est conscient que l'Homme-Dieu est la clef qui donne accès à Dieu et ouvre le monde de paix pour tous. En effet, c'est le croyant qui rend visible tout ce que Dieu est et a comme projet pour le monde.

---

[19] Hans Urs von BALTHASAR, *La gloire et la croix,* t. I, *op.cit,* p. 120.

[20] *Ibid,* p. 33.

1.3. La perception balthasarienne de la figure : « Gestalt »

Le mot « *figure* », en allemand : « *Gestalt* », est régulièrement utilisé dans *La Gloire et la croix (t. I)*. C'est un de ces mots-clés qui n'a pas d'équivalent exact en français. C'est un mot-clé, ou du moins, c'est la clé herméneutique de ce livre et l'on comprend alors pourquoi Balthasar lui-même offre ainsi une définition et une justification de ce mot perçu :

Comme tous les mots que l'on applique au Christ et à sa révélation, le mot « figure » doit être employé avec la prudence qui, en raison du caractère unique de cet emploi, tient en suspens le contenu général et abstrait du concept. Il ne s'agit pas du mot, mais de la chose signifiée, qui devra être expliquée par la suite. C'est une chose qui se donne comme celle qui est définitive, quand bien même elle apparaît sous des formes différentes-homme agissant, souffrant, mourant, et ressuscitant corporellement dans la gloire, ou encore est saisie dans des états différents par l'homme qui le reçoit : ici-bas dans la foi, un jour dans la vision[21].

La pertinence de cette « *figure* » réside dans sa capacité suffisante, totale qui déjoue les lois de la perception et les pouvoirs de la raison ou de l'intellect. Et le fondement, l'explication et la justification ultimes de la compréhension de la « *figure* » chez Balthasar se trouvent cachés dans le « mystère » christologique et trinitaire. La « *figure* » est précisément la clé herméneutique de la présente œuvre du théologien et de sa compréhension de la révélation.

---

[21] Hans Urs von BALTHASAR, *La gloire et la croix,* t. I, *op.cit,* p. 366.

Le concept de figure est une clef herméneutique de la pensée théologique de Balthasar. Et ce concept de « figure » a ses caractéristiques qui nécessitent une brève présentation. La première caractéristique de la figure « *Gestalt* » est en son être-là, son apparition, sa visibilité comme perpétuelle manifestation d'un fond qui fonde et donne sens à l'existence. La deuxième caractéristique de cette figure est sa teneur en tant que ce qui s'offre au regard, ce qui se laisse re-garder à ceux qui veulent regarder. Dans cette dynamique de manifestation le concept « figure » se veut une manifestation-retrait, et dans son apparition « *la figure visible ne renvoie pas seulement à une profondeur mystérieuse, invisible, elle est sa manifestation, elle la révèle, tout en la cachant et la voilant* »[22]. Qu'elle soit une figure naturelle ou une figure esthétique, elle a un dehors qui apparaît et une profondeur intérieure, mais qui ne sont pas séparables dans la figure. De ce point de vue, le contenu ne se trouve pas derrière la figure, mais en elle, si quelqu'un ne peut pas voir et déchiffrer la figure, le contenu lui échappe par là même. Si la figure ne s'illumine pas pour lui, le contenu aussi ne devient pas lumineux à ses yeux.

La figure esthétique du Christ, pour Balthasar, est un corps qui se dévoile dans l'histoire, une chair qui réclame une dimension de vision et d'audition pour être reconnue par le monde sensible. En sa signification profonde et sotériologique, cette figure est un acte unique qu'elle l'est elle-même, et pourtant, si elle embrasse et couronne réellement tout au ciel et sur la terre, elle est aussi la figure de toutes les figures, la mesure de toutes les mesures ; tout comme, par là même, elle est la splendeur de toutes les splendeurs de la création. La venue du Christ, l'apparaître du Christ, est un phénomène qui transcende la raison

[22] *Ibid*, p. 127.

humaine. Il s'agit d'une figure qui n'est pas unidimensionnelle, puisqu'elle se pose en une structure trinitaire.

Selon Balthasar : « *Jésus forme devant le spectateur une figure telle qu'elle ne peut être "déchiffrée" comme figure que si ce qui apparaît en elle est – doit-on dire vue ou crue ? Comme le surgissement d'une profondeur personnelle (trinitaire) et divine* »[23]. Autrement dit, la figure de Jésus n'est vue, telle qu'elle se donne elle-même, que si elle est appréhendée et reçue comme la manifestation d'une profondeur divine, dépassant toute nature du monde.

Ce premier chapitre qui avait pour objectif d'opérer un déblayage conceptuel, se présente comme une esquisse de la compréhension de la figure. Et chez Balthasar, la « figure » se déploie sans cesse et donne corps aux figures spirituelles, figures de vie, figures de la beauté, du vrai, etc. Ces termes n'ont sens et valeur que dans le rapport à la figure archétypale du Christ. Le mythe perçu comme figure est le lieu où le divin possédait pour l'homme une figure d'abord positive. Avec la révélation chrétienne, les mythes ont cédé la place au Dieu vivant d'Abraham, d'Isaac et de Jacob, qui évacuera également toutes les théories philosophiques sur Dieu, le monde et l'homme. Ce déblayage nous a permis de montrer que Jésus se révèle dans une figure qui n'est déchiffrable que dans le sens où ce qui apparaît en elle doit être vue et crue, comme le surgissement d'une profondeur personnelle, trinitaire. Un tel déblayage nous sert de cadre et d'entrée dans le monde de la figure, c'est-à-dire au lieu de la révélation de la figure.

---

[23] Hans Urs von BALTHASAR, *La gloire et la croix,* t. I, *op.cit,* p. 129.

Chapitre II : Le monde de la figure

Le déblayage opéré jusqu'ici est à juste titre un rappel sur l'attitude de l'homme en face des figures humaines de révélation. Ainsi, le second chapitre se veut la compréhension des lieux de la manifestation de la figure. Ce deuxième chapitre consiste en une analyse détaillée de tous les éléments de la manifestation de la figure. Nous nous limiterons ici à comprendre et à présenter la figure et les signes, le monde comme figure, la figure du beau et la figure dans l'intimité de l'âme.

2.1. Figure esthétique et signes

Avant de s'engager dans la présentation détaillée du monde de la figure, Balthasar consacre dix-sept précieuses pages sur la figure esthétique et les signes. Dans cette perspective de la révélation de la figure esthétique du Christ, les signes sont des matériaux de la manifestation de la figure esthétique du Christ. Ainsi, Balthasar relève à juste titre que : La figure de Jésus-Christ ne se tient pas isolée devant le regard du croyant la figure de Jésus est indéracinable du point de l'espace et du temps où elle se tient parmi les signes qui entourent *« la figure du Christ, les uns l'annoncent et la désignent [...] comme l'existence du peuple d'Israël conscient de sa signification prophétique et messianique et par là trouvent en lui leur sens, les autres procèdent de lui (comme ses propres paroles révélatrices de sa puissance et de son mystère) »*[24].

[24] Hans Urs von BALTHASAR, *La gloire et la croix*, t. I, *op.cit*, pp. 166-167.

Au sens profond du terme, Balthasar entend par signes les figures crédibles qui manifestent la figure esthétique de Jésus et trouvent en elle la vérité de leurs expressions.

Dans cette perspective, les signes qui annoncent d'une manière prophétique la figure de Jésus sont des signes fragmentaires qui ne révèlent pas la figure de Jésus dans son éthos et dans son ontologie. Il convient de noter avec Balthasar qu'« *Israël a une place privilégiée, tout au plus, en ce qu'il est la figure établie par Dieu en vue du Christ* »[25]. Par contre, les signes qui émanent de la figure du Christ sont selon Balthasar de « *deux sortes : miracles qui sont, comme tels, des signes (σημεία) manifestes de sa puissance divine et rendent visible [...] comme signes de sa puissance divine* »[26]. Il s'agit des signes annonciateurs d'une part, et des signes découlant de la figure du Christ, d'autre part. Balthasar montre que ces signes sont assumés et dépassés dans la révélation de la figure esthétique du Christ : du fait que toute la révélation interne entre le signe et la figure, autrement dit, la véritable figure du signe lui-même, ne peut être aperçue que si l'ensemble est compris et déchiffré dans la révélation elle-même. Cela dit, les signes perçus simplement comme signes, sans connexion avec la figure esthétique du Christ n'ont pas de valeur épiphanique et restent sans densité théologique pour la foi chrétienne. C'est au sein de la révélation de la figure esthétique du Christ que, comme signe du Dieu vivant, le miracle a un sens spirituel et divin.

2.2. Le monde comme figure

Le monde perçu comme figure est le lieu de l'expression extérieure de Dieu. Le monde est créé pour la

---

[25] Hans Urs von BALTHASAR, *La gloire et la croix*, t. III, *Styles de Jean de la croix à Péguy,* Paris, Cerf, 1972, p. 81.
[26] *Ibid*, p. 167.

gloire de Dieu, qui a voulu manifester et communiquer sa bonté, sa beauté et sa vérité aux hommes. Dieu a créé le monde librement, avec sagesse et amour. Toutefois, il est à noter que le monde comme figure, c'est-à-dire une figure donnée par Dieu, et en ce sens, détachée du Donateur, est ordonné et bon. Pour Balthasar l'homme et le monde se manifestent dans une figure. Par son corps, l'homme est dans le monde, il agit en s'exprimant, et intervient en toute responsabilité dans la situation globale ; il inscrit ses actes d'une manière indélébile dans l'histoire, il ne règne pas librement sur son être propre, de manière à se donner à lui-même sa figure.

Pour rendre compréhensible la conception de la figure du monde, Balthasar cite d'abord les Saintes Ecritures comme fondement authentique de sa démarche. Ainsi Mt 13, 46 et Ph 3, 8 servent de supports sur lesquels on aperçoit dès l'abord comment évangile et figure sont unis sur la base de cette brève parabole : car, où donc, dans le monde, y a-t-il quelque chose de si précieux qu'on puisse abandonner tout le reste sans hésiter. C'est en ce sens que, lorsque toute authentique figure du monde devient douteuse, la responsabilité de la figure incombe réellement aux chrétiens. A ce titre, le monde reçu de Dieu devient le lieu de l'exercice et de la vérification de l'être chrétien dans le monde.

Le monde comme figure est le lieu de la mission, l'espace d'expression du mandat reçu en vue de fructifier. Précisément, l'être chrétien est figure. Comment ne le serait-il pas, puisqu'il est grâce, possibilité d'existence que nous ouvre ce Dieu qui nous justifie ? C'est à partir de la figure du Christ que le chrétien reçoive sa charge, sa mission, son charisme, dans l'Eglise pour être-là dans le monde. Et si, selon Balthasar, l'être chrétien est figure, réellement cette figure est voulue et est fondée par le Christ. La figure du Christ exprime et reflète le plan de Dieu sur le monde et la récapitulation de tout ce qui est au ciel et sur la terre.

Toute la problématique qui postule le monde comme *figure* consiste en ce que l'humanité comme totalité, et en elle tout individu, constitue biologiquement une unité qui ne peut pas être considérée par avance comme l'unité du Christ, par le fait qu'elle est d'abord polarisée par un principe d'unité, que Paul désigne comme le premier homme, Adam. Le premier homme issu du sol est terrestre ; le second homme, lui, vient du ciel. Au fond, le monde comme figure, reçoit son vrai visage dans le Christ *« celui qui dévoile pour la première fois une scène sur laquelle des figures peuvent apparaître [...] il est un espace de médiation, qui ne fait apparaître les joueurs que comme relatifs les uns aux autres »*[27]. De tout ce qu'on vient d'évoquer à propos du monde perçu comme figure, il convient de souligner que le monde comme figure est objectivable, distinct de Dieu. En clair, c'est le fruit de la puissance créatrice de Dieu dans le monde visible, la *doxa* qui rayonne dans les œuvres en écho avec l'altérité du Créateur.

2.3. La figure du beau

Pour Hans Urs von Balthasar « *le beau est avant tout une figure (Gestalt)* »[28]. Le beau dans sa connotation naturelle peut être expérimenté dans la vie de tous les jours. On peut admirer une belle fleur, le ciel bleu, de beaux animaux et même de beaux hommes et de belles

---

[27] Hans Urs von BALTHASAR, *La Dramatique divine t. II/2. Les personnes du drame. 2. Les personnes dans le Christ*, Paris, Editions Lethielleux, 1978, pp. 32-33.

[28] Hans Urs von BALTHASAR, *La gloire et la croix,* t. I, *op.cit*, p. 127.

femmes. Mais en fait, le beau dont il s'agit ici est à comprendre dans la logique de la révélation de Dieu. Ce beau dans sa valeur universelle doit permettre à chaque individu de recevoir et d'être en harmonie avec autrui. Hirt, l'un des plus grands connaisseurs de l'art, définit le beau comme le « *parfait qui est ou peut devenir objet de la vue, de l'ouïe ou de l'imagination* »[29]. Ce dernier, en rappelant l'approche kantienne du beau selon lequel le beau doit être représenté sans concept, c'est-à-dire sans les catégories de l'entendement, comme objet de satisfaction universelle montre qu'en fait le beau est comme la formation mutuelle du rationnel et du sensible, formation identifiée à la vraie réalité. Autrement dit, le beau fait l'unité de l'universel et du particulier, de la liberté et de la nécessité, du spirituel et du naturel.

Quel est le caractère divin du beau ? A cette question, Balthasar répond que « *le beau, n'est-ce pas l'aspect de la création qui suscite sans cesse le contentement de Dieu en lui-même ? Beauté du beau, ce qui dans la créature, fait que Dieu se célèbre lui-même ?* »[30]. Ce oui divin devait-il se répéter en nous, dans l'événement du beau. Toutes les fois que nous rencontrons le beau, n'est-ce pas un oui que nous disons à la création ? Autrement dit lorsque nous abordons la révélation divine par la catégorie du beau, nous apportons celle-ci tout naturellement dans sa figure profane, et c'est seulement quand cette figure ne s'adapte pas à la figure transcendante de la révélation, que nous nous arrêtons tout déroutés.

Dans une telle perspective, il convient de préciser que le beau transcendantal de la révélation ne soit pas réduit au beau profane et naturel. Mais au sens balthasarien du terme : La beauté dont il s'agit est avant

---

[29] Charles BENARD, *Hegel Esthétique*, t. I, Paris, P.U.F. 1995, p. 69.
[30] Hans Urs von BALTHASAR, *La gloire et la croix*, t. I, *op.cit*, p. 52.

tout la beauté de Dieu même, à laquelle seul peut trouver accès et pour laquelle seul peut s'enflammer l'homme qui apprend à voir la lumière de Dieu dans son propre être devenu pur et lumineux. *« Lui seul commence à trouver du goût à Dieu et à apercevoir la Beauté unique et véritable, le Dieu du Bien et du Beau, source, principe, auteur du Bien et du Beau dans tout ce qui est bon et beau. Si la beauté de Dieu est vue une fois comme la Beauté absolue, alors il est absolument évident que Dieu a créé toutes choses avec une parfaite justice, une parfaite modération, une parfaite beauté »*[31] esthétique.

Cette assertion de Balthasar vise à inscrire tout chrétien dans la logique du beau divin, et cela exige de ce dernier l'effort pour refléter cette beauté divine imprimée en lui : Dieu voit en nous la vraie beauté, parce qu'il y voit sa propre beauté. Dans cette gamme de compréhension dans laquelle nous sommes images de Dieu, dans le mesure où dans la figure lumineuse du beau, l'être de l'étant devient visible comme nulle part ailleurs ; c'est pourquoi un élément esthétique doit être associé à toute connaissance spirituelle comme à toute tendance spirituelle. Ainsi, la figure est vue comme l'harmonie tangible du beau, l'éclat de la profondeur abyssale à laquelle elle renvoie.

Cependant, avec les yeux de la raison, les hommes ne perçoivent que la beauté de la raison, il leur faut les yeux de la foi, parce que « *les yeux de la foi voient la beauté de la foi »*[32]. C'est dans la figure du beau que « *le chrétien peut [...] légitimement constater lui-même sa qualité de*

---

[31] Hans Urs von BALTHASAR, *La gloire et la croix t. II, Styles d'Irénée à Dante, op.cit*, p. 89.

[32] Hans Urs von BALTHASAR, *La gloire et la croix*, *t. III, Styles de Jean de la croix à Péguy, op.cit,* p. 300.

chrétien »[33]. Sans épuiser la thématique de la figure du beau, nous pouvons retenir que le beau dont il s'agit ici est, non le salut mais ce qui est saint, lumineux, paisible, authentique. Alors qu'en est-il de la figure dans l'intimité de l'âme.

2.4. La figure spirituelle dans l'intimité de l'âme

La figure spirituelle dans l'intimité de l'âme est un des points particuliers de la pensée de Balthasar. Il est particulier parce qu'il est ici question de ce qui se révèle dans la plus fine parcelle de notre être. Comment aborder la question d'une figure spirituelle dans l'intimité de l'âme au sens balthasarien de la figure ? La figure spirituelle dans l'intimité de l'âme est à comprendre dans la trajectoire de la révélation la plus intime que Dieu fait de lui-même, révélation qui atteint l'être humain au plus profond de son âme. Ainsi perçue, la figure spirituelle dans l'intimité de l'âme se veut une expérience intime et un lieu d'illumination dans laquelle le sujet religieux se laisse toucher et atteindre par Dieu dans la figure esthétique du Christ.

Pour mieux cerner la sève de ce qu'est la figure spirituelle dans l'intimité de l'âme, on peut toutefois se rappeler le fait qu'au sein de la figure spirituelle dans l'intimité de l'âme où Dieu présente à l'homme quelque chose, et le lui présente de telle manière que l'homme peut le voir, le comprendre, se l'approprier, et en vivre humainement. En sa signification balthasarienne, la figure au plus intime de l'âme donne sens et consistance à l'âme et élève l'âme dans la sphère divine afin d'être dans le monde le reflet de Dieu. Une telle action de Dieu dans

---

[33] Hans Urs von BALTHASAR, *Qui est chrétien ?* Paris, Salvator, 1967, p. 25.

l'âme rassure le sujet religieux et exige de lui une adéquation entre sa vie intérieure et sa vie extérieure. En clair, il s'agit du reflet de la beauté de Dieu sur l'homme, ce reflet qui lui vient de la gratuité de Dieu sans que cet éclat dans l'intimité de l'âme humaine n'épuise l'entièreté de la beauté de la figure divine.

En somme, il faut noter que le monde de la figure dont il s'agit dans ce second chapitre de notre première partie se présente comme l'espace et les lieux de la manifestation de la figure. Les éléments de la manifestation de la figure, les signes, le monde comme figure, la figure du beau et la figure dans l'intimité de l'âme nous ont permis de rendre compte de la pensée de Balthasar que nous recueillons dans *La Gloire et la croix (t. I)* à propos du *θοπος* de révélation de la figure. Ainsi, nous abordons à présent les éléments religieux de la figure de la foi.

Chapitre III : Les éléments religieux de la figure esthétique de la foi

Dans le premier chapitre de *La Gloire et la croix (t. I)*, Balthasar précise les éléments religieux de la figure de la foi. Il s'agit pour lui d'examiner une esquisse de la foi qui intègre en son sein le témoignage de Dieu. Ce témoignage se manifeste à la fois sur le plan intérieur et extérieur de l'homme.

3.1. Esquisse de la figure de la foi

Il est important de signaler que le terme « *esquisse de la figure de la foi* » est propre à Balthasar. C'est en fait le deuxième point du premier chapitre de notre ouvrage *La Gloire et la croix (t. I).* Nous touchons ici aux convictions intimes de Balthasar au sujet de la foi chrétienne qui est l'attitude suprême de l'homme engendrée et déterminée par l'objet de la révélation, cette attitude est tout aussi inexplicable par la raison humaine que le mystère de Dieu dans le Christ. C'est à partir de cette esquisse de la figure de foi que « *se dressent quelques figures dont tout l'effort tend à éclaircir, dans le cadre du principe de la subjectivité, l'audition possible d'une parole venant de Dieu* »[34].

La figure de la foi est comparable à un être vivant qui a continuellement besoin de nourriture pour vivre et se développer. En clair, la figure de la foi consiste dans ses œuvres. La figure de la foi dans cette perspective a besoin de l'aide des œuvres, et celles-ci lui sont un motif de croissance et d'enracinement. C'est dans ce contexte que Balthasar écrit : « *la foi, sans les œuvres, ne serait qu'une succession de phrases stériles, qui ne se raccrocheraient à rien, qui ne se confirmeraient nulle part ; elle serait une marche à vide dans notre rapport avec Dieu* »[35], montrant ainsi le versant praxis de la foi dans sa socialité.

Dire que la figure de la foi consiste dans ses œuvres, c'est reconnaître que ce n'est que par l'œuvre que la foi accomplit sa tâche, et sa tâche, c'est toujours d'éveiller une foi plus intime. Celle-ci n'a jamais en soi la possibilité de devenir visible, d'exercer en soi une action apostolique, d'accroître en soi la gloire de Dieu. Ainsi la foi ne devient parfaite que par les œuvres parce que celles-ci témoignent pour elle en retournant à Dieu.

C'est dans ce sens que la vision balthasarienne de la figure de la foi se manifeste comme processus existentiel où se conjuguent authentiquement l'appel de Dieu et la réponse de l'homme à Dieu. Et c'est la figure de la foi

---

[34] Hans Urs von BALTHASAR, *L'amour seul est digne de foi*, Paris, Aubier, 1966, p. 57.

[35] Hans Urs von BALTHASAR, *Adrienne Von Speyr et sa mission théologique*, Paris, Edition Pauline, 1976, p. 279.

perçue comme disponibilité constante, c'est-à-dire la base de tout amour qui devient par la grâce de Dieu la source première de l'action chrétienne à travers les éléments de la figure de la foi.

3.2. Les éléments de la figure de la foi

Pour décrire l'attitude appelée « foi »[36], on utilise plusieurs mots hébreux tels que : *aman* (solide, sûr), *Batah* (avoir confiance), *quiwwah* (espérer), *hikkah* (attendre), *hasah* (se mettre à l'abri)[37]. Arrêtons un peu sur le premier mot « aman ». Un des mots hébreux qui est traduit en français par le terme foi est « *Aman* » d'où le mot « *Amen* » que nous disons à la fin de nos prières et qui veut dire c'est sûr, j'y crois, c'est ferme et solide, j'y adhère. Le verbe *« Aman » signifie être solide*, résister, dans le sens d'un mur qui est solide et sur lequel on peut s'appuyer, il signifie aussi s'appuyer sur quelqu'un de solide, de sûr.

La foi en Dieu développe l'idée fondamentale selon laquelle Dieu est solide, Dieu est sûr, il est fiable. Selon l'Ancien Testament la foi est essentiellement l'attitude de l'homme qui, convaincu que Dieu est sûr et rassure, Dieu est solide et fiable, on peut s'appuyer totalement et radicalement sur lui. Parce que Dieu réalise ce qu'il promet. L'homme en s'appuyant sur Dieu est sûr d'être inébranlable et de ne point trébucher et tomber. Dieu

---

[36] Ce qui, dans l'histoire d'Israël peut être appelé foi, se présente comme une multitude d'expériences historiques, à travers les manifestations de Yahvé : Promesse/menace, jugement de Yahvé, avec les réactions qu'elles provoquent dans la vie des hommes concernés. Dans cette même perspective, on peut souligner que, pour le peuple de l'Alliance comme pour l'individu, il est vrai que la foi est cette forme particulière d'existence de l'homme lié à Yahvé.

[37] Peter EICHER, *Dictionnaire de théologie*, Paris, Cerf, 1988, p. 262.

constitue pour le croyant un noyau dur, un *rocher* inébranlable et nous trouvons cette idée dans les psaumes 62, 1-13. Il est le berger qui établit les fidèles croyants dans la sérénité, parce qu'il assure leur sécurité. La foi, c'est aussi le comportement et la disposition de Job, qui consiste à ne pas lâcher Dieu, sans pour autant sacrifier sa propre dignité en dépit de l'absurdité vécue et perçue existentiellement.

La foi tient aussi une grande place dans le Nouveau Testament. Mais cette fois-ci la foi n'est pas exprimée seulement vis-à-vis de Dieu de façon globale, mais elle a pour objet la personne de Jésus. La prédication de Jésus comme celle des Apôtres appellent à la foi en Jésus c'est lui le centre de la prédication. Cette foi devient une question de vie ou de mort, ou bien on est avec Jésus-Christ ou bien on est contre lui. « *L'Evangile de Jésus-Christ selon saint Jean est écrit en vue de conduire à la foi* »[38]. En tant qu'œuvre de Dieu, la foi remplace les œuvres judaïques. La foi mène à la lumière[39], elle est le chemin de la vie. Le caractère concret et actif de ce cheminement est souligné par le fait que Jean utilise beaucoup le verbe « croire ». Mais en sa signification profonde, la foi se rapporte au mystère du salut manifesté en Jésus-Christ. En effet, en Jésus-Christ Fils de Dieu lui-

---

[38] *Jn 19, 35 ; 20, 31.* L'évangéliste Jean dont le message est centré sur la Révélation de Jésus comme Celui qui manifeste le Père en qui nous avons la vie. L'évangéliste Jean invite avec insistance à croire en Jésus et à le reconnaître, à l'accueillir comme le Christ, comme le Fils de Dieu. Et par cette foi et cet accueille avoir la vie.

[39] *Jn 3, 21 ; 1 Jn 1, 5. Jn 5, 40 ; 6, 40.* C'est la raison pour laquelle il écrit son évangile et nous retrouvons cela en Jean au chapitre 20, 31 « Jésus dit-il en substance, Jésus à accomplit beaucoup de signes sous les yeux de ses disciples, mais tout n'a pas été transcrit, mais ceci l'ont été pour que vous croyez que Jésus est le Fils de Dieu, le Christ et qu'en croyant en lui, vous ayez la vie ».

même la vie s'est manifestée et la vie s'est communiquée. Elle s'est communiquée à quiconque la reconnait et l'accueille.

Dans la foi en la personne du Logos qui est la plénitude de grâce et de vérité[40], se révèle le profond mystère d'un drame salvifique : *« celui qui voit le Fils voit le Père »* (Jn 14, 9 ; 12, 45). Le Fils rend témoignage au Père[41] ; Il donne aux hommes les paroles que le Père lui a données (Jn 17, 8) et accomplit les œuvres du Père dans les conditions de l'homme nouveau. Le Père intervient en faveur de son envoyé. La foi qui donne part à ce drame salvifique n'est pas une connaissance simplement théorique, mais une vie d'expérience, une imitation du Christ, la *sequela Christi*. La foi est un don, un don de Dieu. En tant que don, la foi est un événement qui à sa raison d'être en Dieu.

Ainsi, nous entendons par éléments de la figure de la foi les éléments contenus dans la foi comme acte théologique de perception. Et s'il s'agit des éléments contenus dans la foi, cela exige de suivre l'ordre selon lequel les éléments sont fondés les uns sur les autres. C'est en même temps l'ordre trinitaire. Par cette affirmation, Balthasar souligne d'une façon particulière la perception extérieure et intérieure de la figure de la foi, qui s'inscrit dans le fait que « nul ne peut venir à moi, si le Père ne l'attire » (Jn 6, 44). Et que c'est seulement la lumière paternelle sur le Fils qui mène le croyant à la rencontre unifiante avec lui, cette rencontre étant l'œuvre du Saint-Esprit.

En abordant les éléments de la figure de la foi, Balthasar nous introduit dans la plus fine substance de sa pensée. Il est ici question de ce qui fonde la figure de la

---

[40] *Jn 1, 14-16.*
[41] *Jn 8, 40 ; 18, 37.*

foi. Et pour Balthasar, tout part de la Sainte Trinité pour y retourner. A ce sujet, comme le précise Balthasar, il faut : « *partir de l'archétype trinitaire ! Le Père sort de soi pour poser son Verbe vivant et en cela il donne au Fils toute la richesse, toute la plénitude de la vie divine. Dieu est lui-même un amour qui s'abandonne éternellement ; il est unité absolue de richesse, de pauvreté, de vie et de mort* »[42]. Et c'est seulement dans cet abandon de ce qui est sa propriété, là où est vraiment prise au sérieux la distance qui sépare (car l'autre doit être lui-même et ne pas demeurer moi), là où disparaît le donateur pour que l'autre apparaisse en sa propre consistance, c'est alors qu'existe l'amour absolu qui garantit l'unité de l'essence. Tel est le principe fondateur des éléments de la figure de la foi. C'est alors que peuvent se produire librement les éléments religieux de la figure de la foi : le témoignage de Dieu en nous et le témoignage de Dieu dans l'histoire, mais également le témoignage perçu au niveau extérieur et reçu ou encore vécu au niveau intérieur.

3.3. Le témoignage de la figure esthétique de Dieu en nous et dans l'histoire

Avant de s'engager dans la présentation du témoignage de la figure de Dieu en nous et dans l'histoire, Balthasar choisit un texte johannique très dense qui donne l'essentiel sur ce qu'est un témoignage. Si nous acceptons le témoignage des hommes, le témoignage de Dieu est supérieur ; et le témoignage de Dieu, c'est qu'il a témoigné au sujet de son Fils. Celui qui croit au Fils de Dieu, possède en lui-même ce témoignage ; celui qui ne croit pas Dieu en fait un menteur, puisqu'il n'a pas cru au

---

[42] Hans Urs von BALTHASAR, *La Dramatique divine. t. IV. Le dénouement.*, Culture et vérité, Namur, 1993, p. 72.

témoignage que Dieu a rendu à son Fils (1Jn 5, 9-10). Pour Balthasar c'est d'abord le témoignage pour le Christ comme Fils de Dieu. Il va de soi que Balthasar part du témoignage pour le Christ avant d'aborder le témoignage de la figure de Dieu en nous. Mais en réalité, écrit Balthasar : « *la foi chrétienne qui est le témoignage de Dieu en nous, ne peut être comprise que comme réponse à cette auto-attestation interne, intime de Dieu s'ouvrant et se donnant dans ses mystères intimes* »[43].

La foi au sens chrétien est reçue et vécue comme attitude dans laquelle l'homme reçoit un signe divin. La foi est réclamée comme une réalité divine qui exige non seulement une réponse, mais surtout un témoignage de vie. A ce point précis, Balthasar lui-même explicite ce témoignage de Dieu en nous en ces termes : « *même la confession de foi du baptisé, qui peut humainement être prononcée en pleine sincérité, n'est que l'entrée dans le rapport vivant d'alliance avec Dieu : seule la vie montrera si l'homme prend cette alliance au sérieux et s'il préfère sérieusement à sa vérité et à sa volonté propres la vérité de Dieu, qui se manifeste dans sa volonté et dans sa foi* »[44] comme mode d'être.

De ce point de vue balthasarien, nous pouvons dire que l'expérience chrétienne au sens strict ne peut avoir qu'un sens. Elle est la croissance de sa propre existence dans l'existence du Christ en vertu de l'action du Christ. Au fond, le centre de l'explication de la figure de Jésus-Christ ne se trouve pas dans le plan purement humain, mais seulement dans la donnée de base de sa filiation divine. En résumé, le témoignage de la figure de Jésus-Christ en nous

---

[43] Hans Urs von BALTHASAR, *La gloire et la croix, t. I, op.cit*, p. 132.

[44] Hans Urs von BALTHASAR, *La gloire et la croix, t. I, op.cit*, p. 189.

n'est rien d'autre que l'expérience chrétienne à partir de la figure de Jésus-Christ par la médiation de la foi. Qu'en est-il du témoignage de Dieu dans l'histoire ?

En abordant la thématique du témoignage de la figure esthétique de Jésus-Christ dans l'histoire, Balthasar écrit ce beau texte qui fait la synthèse et précise l'aspect historique de la révélation : « *la révélation contenue dans l'histoire biblique du salut est une figure placée devant le regard de l'humanité, au centre de son devenir historique. Tout homme qui passe devant elle doit la percevoir et déchiffrer l'énigme divine qu'elle contient* »[45]. Cette figure est dessinée avec une telle maîtrise qu'elle n'offre pas le moindre trait qui puisse être déplacé ; les masses sont si bien réparties qu'elles se font équilibre à l'infini et résistent à tout changement.

Le témoignage de la figure de Jésus-Christ dans l'histoire est à saisir en adéquation avec les œuvres du Christ, œuvres par lesquelles Dieu atteint l'homme dans les gestes de son Fils, gestes que retracent les Evangiles : les aveugles voient réellement, les sourds entendent réellement, les morts ressuscitent vraiment et vivent. Mais celui qui est mort spirituellement ressuscite à la vie de Dieu en lui. En lui, cela veut dire qu'il vit, mais parce que Dieu vit en lui. Il vit subjectivement parce que le Dieu objectif qu'il n'est pas, vit en lui. De cet objectivisme de la foi, l'homme est convaincu par le fait que Dieu lui apparaît extérieurement, dans l'histoire.

Ici, Balthasar se montre très proche de la phénoménologie de Martin Heidegger qui cherche à comprendre non pas l'existence dans l'histoire, mais l'existence comme histoire. Au fond, l'événement de la figure de Jésus-Christ est une histoire qui constitue l'explication visible de la forme d'existence du Dieu

---

[45] *Ibid*, pp. 144-145.

Trinitaire et des hommes. Il s'agit ici de la figure de Jésus-Christ dans laquelle l'histoire acquiert sa vérité. Et c'est dans la vérité historique de la figure de Jésus-Christ, « *Lui à travers le monde et son histoire, le monde et son histoire à travers Lui* »[46]. La première expression « *Lui à travers le monde* » est à comprendre au sens où la figure de Jésus-Christ apparaît en tant que point Oméga du monde. Et la deuxième expression « le monde et son histoire à travers Lui » est à cerner en tant qu'Alpha, de telle sorte que le point Alpha et le point Oméga s'expriment et s'identifient dans la figure de Jésus-Christ à laquelle toute l'histoire du monde trouve un espace et une place divine. Ainsi, nous aboutissons aux témoignages extérieur et intérieur de la figure du Jésus-Christ.

3.4. Les témoignages extérieur et intérieur de la figure esthétique du Christ

L'articulation du témoignage extérieur et intérieur de la figure du Christ, tel que nous voulons l'envisager, exige de poser le problème du témoignage de la figure de Jésus-Christ dans toute son intensité. Ici encore, Balthasar fait recours aux textes johanniques (1, 45 ; 6, 68-69 ; 14, 8 ; 9, 37-38 ; 5, 9-10, etc.) pour donner un fondement biblique aux témoignages extérieur et intérieur.

Nous devons cependant admettre que selon Balthasar : « *l'instant vient où la lumière intérieure des « yeux de la foi » ne fait qu'un avec la lumière extérieure qui brille dans le Christ, par ce que ce qui, dans l'homme, tend vers Dieu et le cherche, trouve son repos dans la figure révélée*

---

[46] Hans Urs von BALTHASAR, *La Dramatique divine t. II/2. Les personnes du drame. 2. Les personnes dans le Christ*, Paris, Editions Lethielleux, 1978, p. 13.

du Fils »[47]. Ici, l'individu ne se trouve pas devant la révélation comme individu isolé. Cet individu s'aperçoit lui-même avec son oui, réellement préfiguré et remplacé dans le Christ. Tout cela forme le caractère du consentement chrétien en général et lui donne en même temps son expression la plus parfaite, celle du témoignage chrétien dans l'Eglise.

Mais de ce qui vient d'être dit, nous comprenons que Balthasar voulait montrer comment le témoignage de Dieu est décrit ici comme intérieur et comme extérieur. C'est d'abord le témoignage pour le Christ comme le Fils de Dieu, c'est donc un témoignage extérieur de la confirmation par Dieu du témoignage du Christ pour Dieu. Mais en tant que le témoignage de Dieu est supérieur à celui des hommes, il est intérieur au croyant lui-même, et, dans la mesure où celui-ci croit, s'identifie à sa foi. Ici le terme « témoignage » devient « mission », parce que *« sortir et venir sont donc, pour le Fils, une action et un mouvement unique : la mission intérieure et la mission extérieure ne font qu'un »*[48]. Autrement dit, la mission (ou témoignage) est celle du Fils, du fait que le Père sort de soi pour poser son Verbe vivant et en cela il donne au Fils toute la richesse, toute la plénitude de la vie divine. Telle est notre vision du témoignage extérieur et intérieur de la figure du Christ.

De ce que nous avons dit jusqu'ici, il est déjà possible de préciser que la figure par excellence celle du Christ (Gestalt) est l'expression de la révélation qui part de soi mais renvoie à son essence et à sa profondeur. Ce qui intéresse notre auteur est avant tout la perception et la

---

[47] Hans Urs von BALTHASAR, *La gloire et la croix, t. I, op.cit*, p. 160.

[48] Hans Urs von BALTHASAR, *La Dramatique divine. t. IV. Le dénouement.*, Culture et vérité, Namur, 1993, p. 69.

réception de la « *figure/Gestalt* » dans le souci d'éclairer le destin spirituel de l'homme. Après le déblayage conceptuel et la compréhension de la figure qui, étape par étape laissent voir et saisir ce qu'est la figure, le monde de la figure à son tour, permet de situer les lieux du déploiement de la figure. Les éléments religieux de la figure de la foi viennent enfin, témoigner du contact avec la figure à laquelle l'accès n'est possible que par la pureté du cœur et la docilité de la foi active. C'est en entrant dans cette double écoute que nous découvrirons l'espace kaïrotique pour un renouvellement et une position solide de la centralité du Christ dans la figure objective de la révélation qui constitue la deuxième partie de notre analyse.

Deuxième partie : La centralité de la figure de Figure esthétique du Christ

Dans *La Gloire et la Croix (t. I)*, le théologien suisse Hans Urs Von Balthasar s'est préoccupé de cerner et de discerner la centralité du Christ dans la figure objective de la révélation. Cela permet aussi de cerner les figures de médiation à partir de la figure archétype qu'est le Christ. Disons que d'après Balthasar, c'est la centralité du Christ qui définit la figure objective de la révélation et sa médiation comme figure. Voilà pourquoi, le théologien affirme : « *tout ce que nous avons dit jusqu'ici l'a été en vue de ce qui va suivre* »[49].

Il s'agit de la figure centrale de la révélation, autour de laquelle le reste se rassemble d'une manière organique. Voilà ce que nous voulons comprendre. C'est le moment kairotique pour Balthasar d'aborder la thématique de la centralité du Christ comme figure objective de la révélation. Cela permet ensuite de souligner la centralité du Christ dans les figures de médiation. Ces deux préoccupations vont nous occuper dans cette deuxième partie de notre analyse.

Chapitre I : la figure esthétique objective de la révélation

Ce premier chapitre aura pour objet, l'élucidation de la figure esthétique objective de la révélation. Cette étude nous permettra de mieux apprécier d'abord le déploiement de la figure de révélation et le mystère de la figure

[49] Hans Urs von BALTHASAR, *La gloire et la croix,* t. I, *op.cit*, p. 363.

esthétique comme projet de Dieu le Père. Ensuite, nous saurons mieux cerner cette figure objective de la révélation au sens balthasarien en abordant l'énigme voilée de la révélation de l'être et de la révélation de la parole. Enfin, un clin d'œil sur la figure esthétique de révélation dans la révélation de l'homme chez Balthasar nous permettra de clore ce chapitre avant d'aborder dans le second chapitre, l'ossature de cette analyse.

1.1. Déploiement phénoménologique de la figure esthétique objective de révélation

Selon Didier Franck « *l'expression phénoménologique peut se formuler en grec : légein ta phainomena : laisser voir de soi-même ce qui se montre à partir de lui-même* »[50]. Une telle affirmation déploie et situe le sens exact de la figure esthétique objective de révélation dans laquelle l'homme est placé devant le phénomène du Christ. Nous voulons relever dans ce déploiement de la figure objective de révélation, les traits essentiels du dévoilement de la figure esthétique du Christ, en insistant sur l'ouverture de l'homme en présence de l'avènement phénoménal de la figure esthétique du Christ.

Pour rendre limpide la substance du déploiement de la figure esthétique objective de révélation, Balthasar n'hésite pas à partir de la réalité existentielle dans laquelle la figure d'un homme que nous aimons et qui nous est familier, nous reste constamment inépuisable. A plus forte raison, lorsqu'il s'agit de la figure dans laquelle Dieu a voulu se dévoiler. Ainsi perçue, nous pouvons dire qu'à travers la figure esthétique de Jésus-Christ, la visibilité de Dieu est permise aux êtres créés.

---

[50] Didier FRANCK, *Heidegger et le problème de l'espace*, Paris, 1986, pp. 25-26.

Dieu s'exprime dans la figure esthétique objective de révélation et se présente aux hommes. Ce qui revient à dire avec Vincent Holzer que cette figure esthétique ouvre l'histoire à un inattendu qui pourrait faire de la théologie le modèle d'une pensée ouverte. Un phénomène s'est produit dans l'histoire, une venue nous force à penser plus loin, aux confins du possible, sans que le phénomène ne sature la pensée, puisque par définition il est la venue vers l'homme de l'impensable. *« La figure du Christ se donne ainsi comme le phénomène qui empêche la pensée de tourner sur elle-même, elle est délogée et doit reprendre ses catégories, travail incessant que produit l'irruption de la transcendance »*[51]. Par déploiement de la figure esthétique objective de révélation nous entendons, le mode adéquat de perception et d'accueil de la figure esthétique objective du Christ. La démarche de Balthasar, est une attitude de la raison, une disponibilité chrétienne dans l'acte d'ouverture de l'homme devant la figure esthétique objective perçue comme mystère phénoménal.

En partant du déploiement de la figure esthétique objective de révélation, Balthasar montre que l'*« évènement du Christ, toujours considéré dans son ensemble, est l'irruption verticale de la fin des temps horizontal »*[52]. Au fond, c'est une irruption qui ne laisse pas telle quelle la durée, avec ce qu'elle comporte de présent, de passé et d'avenir, mais qui l'intègre et lui confère un statut nouveau à partir d'elle-même. En d'autres termes, l'histoire qui se déroule entre Dieu et l'humanité a pour centre la figure esthétique objective de Jésus Christ. Tout ceci pour dire que c'est dans le

[51] Vincent HOLZER, *Le Dieu Trinité dans l'histoire. Le différend théologique Balthasar-Rahner*, Paris, Cerf, 1995, p. 14.
[52] Hans Urs von BALTHASAR, *La Dramatique divine. t. IV. Le dénouement, op.cit,* p. 18.

déploiement de la figure esthétique objective que l'on peut comprendre le geste du salut de Dieu se tournant, par grâce, vers le pécheur qui s'est détourné de lui. C'est un mystère de Dieu.

1.2. Le mystère de la figure esthétique du Christ comme projet de Dieu le Père

Le mystère de la figure esthétique du Christ est avant tout à inscrire dans le projet de Dieu le Père, Principe sans principe. Dans *La Dramatique divine* Balthasar présente « *Le Christ [...] comme le pédagogue et le maître qui conduit au Père* »[53]. Une telle assertion laisse voir dans la figure esthétique du Christ celle du Père, du fait que dans la figure esthétique de Jésus-Christ la révélation de Dieu s'achève dans le voilement. Et cela, à partir de l'Incarnation, c'est en elle que le Dieu-caché se présente et s'exprime. A ce moment précis, la pensée de Balthasar devient de plus en plus difficile à interpréter.

La figure esthétique qui nous apparaît n'est belle que parce que la complaisance qu'elle suscite se fonde elle-même sur la vérité et la bonté profondes de la réalité qui se montre et se donne elle-même, et se révèle à nous comme quelque chose d'inépuisablement précieux et fascinant. La manifestation, en tant que révélation de la profondeur renvoie à cette profondeur au-delà de la manifestation dans la mesure où la figure se dépasse elle-même pour renvoyer à la profondeur. De cette assertion, on peut souligner que le mystère de la figure esthétique reçue dans la foi comme projet de Dieu le Père, est à comprendre dans le cadre où la révélation de la figure

---

[53] Hans Urs von BALTHASAR, *La gloire et la croix, t. I, op.cit*, p. 115.

esthétique du Fils est fondamentalement révélation du Père.

Dans le mystère de la révélation, le Fils met toute son activité et tout le sens de son être au service de la volonté de son Père. Il ne veut être rien d'autre que miroir et reflet du Père. C'est dans cette optique qu'on peut parler de mystère de la figure esthétique du Christ comme projet de Dieu le Père. Comme le précise Balthasar dans *La Dramatique divine* : « *Le Père sort de soi pour poser son Verbe vivant et en cela il donne au Fils toute la richesse, toute la plénitude de la vie divine* »[54]. Notons que Balthasar revient continuellement sur le mystère de la figure esthétique du Christ comme projet de Dieu le Père, pour présenter le lien intime entre la figure esthétique du Christ et son Père. Projet de Dieu le Père parce que l'acte générateur du Père est un acte de don de soi au Fils, auquel le Fils répond par son propre don de soi. Et le don, comme l'acceptation, contiennent l'un et l'autre la gratitude.

Au fond, la sortie du Fils de Dieu le Père et son retour au Père attestent que le Fils vit son être Fils à partir du Père et en lien éternel avec Lui. Il est le Verbe vivant, celui qui parle et celui qui est parole à la fois. Il vient dans le monde pour se révéler comme la révélation du Père, et dans cette révélation il met toute son activité, tout le sens de son être ; il est et demeure miroir et reflet du Père. La figure esthétique du Christ vient, descend verticalement en vertu de son origine en Dieu le Père, et se déploie horizontalement dans l'univers, parce que la volonté du Christ fait un avec la volonté du Père, et cette unité est l'Esprit-Saint.

---

[54] Hans Urs von BALTHASAR, *La Dramatique divine.t. IV. Le dénouement. op.cit*, p. 72.

1.3. Le déploiement de la figure de l'Esprit : inversion trinitaire

Nous abordons une des plus fines pointes de la pensée croyante de Hans Urs Von Balthasar. Il s'agit du rôle de l'Esprit-Saint dans la communion trinitaire. Avant d'exposer le rôle de l'Esprit-Saint dans la révélation de la figure objective, Balthasar précise que : « *L'Esprit n'est pas le Verbe, et pourtant il est aussi l'Esprit du Verbe. Mais il procède, non pas seulement du Verbe, mais en même temps du Père [...] Il est à la fois l'Esprit de ce qui est dicible et de ce qui est indicible* »[55]. L'Esprit explique le Verbe, il glorifie les deux autres Personnes dans leur unité, de même qu'il est et atteste leur unité. Par conséquent, il est en même temps un Esprit de figure et de figuration, et un Esprit d'amour et d'enthousiasme. C'est dans cette unité inconcevable qu'il est le lieu de la beauté en Dieu. Tel est le cadre de la compréhension de la figure de l'Esprit que propose Balthasar dans *La Gloire et la Croix (t. I).* En sa signification profonde, la figure de l'Esprit est à saisir dans la logique de ce que Balthasar lui-même appelle « *inversion trinitaire* ».

Pour expliquer ce qu'il appelle « inversion trinitaire », Balthasar reconnaît avant tout, que c'est dans l'Esprit que Jésus est le Fils de Dieu. Ainsi, le rôle actif de l'Esprit dans l'incarnation est essentiellement la garantie de la liberté une, commune du Père et du Fils. Il est important de savoir que « *dès le commencement de l'incarnation, l'Esprit garde une figure médiatrice économique correspondante entre le Père et le Fils, telle qu'elle apparaît clairement lors de la manifestation officielle de sa mission, au baptême : il descend sur le Fils, pour*

[55] Hans Urs von BALTHASAR, *La gloire et la croix, t. I, op.cit*, p. 417.

"demeurer" "dans et au-dessus" de lui »[56]. C'est alors que le théologien suisse livre clairement le déploiement de la figure de l'Esprit dans ce qu'il appelle l'*inversion trinitaire.*

Selon Balthasar : « *ce qui fut appelé "inversion trinitaire" n'est finalement que "retournement" de la Trinité immanente dans l'"économie", en laquelle la "correspondance" du Fils en face du Père s'articule comme " obéissance" »*[57]. Ce que Hans Urs von Balthasar appelle l'inversion trinitaire constitue donc en quelque sorte l'aboutissement ultime de sa présentation de la personne de l'Esprit-Saint et de la mission de Jésus.

Ainsi, se profile le rôle véritable de l'Esprit dans l'inversion trinitaire. Selon Peelman « *Balthasar nous conduit plus profondément dans le mystère de la mission et de la conscience de Jésus en montrant que toute sa vie sur terre est existence et mission dans l'Esprit Saint. En parlant du rôle de l'Esprit dans la vie de Jésus, il propose alors un inversement de l'ordre τάξις que nous trouvons dans la Trinité immanente »*[58]. Dans la Trinité immanente,

---

[56] Hans Urs von BALTHASAR, *La Dramatique divine t. II/2. Les personnes du drame. 2. Les personnes dans le Christ*, p. 149. Pour Balthasar : « *Si nous prenons au sérieux la doctrine des deux status justement en ce qui concerne le rapport de Jésus à l'Esprit : là où, dans le status exinanitionis [*Kénose selon l'explication du Professeur Gaston OGUI COSSI (année académique 2011-2012. UCAO-UUA)*], le rapport de Jésus à l'Esprit consiste dans l'exécution de la mission – et celle-ci se manifeste aussi bien dans la possession d'Esprit que dans l'obéissance d'Esprit, dans « l'autorité » que dans « la pauvreté et l'abandon » -, dans le status exaltationis [exaltation], depuis « l'achèvement…».* *Ibid*, p. 151.

[57] Hans Urs von BALTHASAR, *La Dramatique divine t. II/2. Les personnes du drame. 2. Les personnes dans le Christ*, p. 152.

[58] Achiel PEELMAN, *Le salut comme drame trinitaire, la theodramatik de Hans Urs von Balthasar*, Paris, Médiaspaul, 2002, p. 123.

le Père et le Fils assument un rôle actif par rapport à l'Esprit qui est le fruit de leur amour et de leur union. *« Mais, dans le mystère de l'incarnation, nous constatons une inversion des rôles, alors que la part active est assumée par l'Esprit, tandis que le Fils devient passif, réceptif et obéissant. Cet « inversion trinitaire » constitue sans doute une des contributions les plus originales de Balthasar à la christologie »*[59] esthétique.

C'est au niveau de la Trinité économique agissant dans l'histoire que l'Esprit passe avant le Verbe et que nous trouvons la séquence Père-Esprit-Fils, alors que dans la Trinité immanente, l'Esprit procède du Père et du Fils, ce qui donne l'ordre fondamental Père-Fils-Esprit. Mais, *« dans les deux cas, affirme Balthasar, nous devons considérer l'Esprit comme forme objective et le témoin de "l'unité-dans-la différence" et de la "différence-dans-l'unité" entre le Père et le Fils. Cette inversion trinitaire ne remet donc pas en question l'union éternelle entre le Père et le Fils. L'Esprit est l'expression de l'amour qui les unit »*[60] en tout temps.

De tout ce que nous venons de dire, il est question du retour dans l'économie trinitaire dont la figure de l'Esprit-Saint joue le premier rôle. C'est un retournement de rôle dans lequel Balthasar présente l'Esprit-Saint devant la scène de la révélation, en allant du Père au monde avec le Fils, conduit par l'Esprit, et, en allant avec le Fils et le monde ramené par lui au Père, sous la direction de l'Esprit.

---

[59] *Idem.*

[60] Achiel PEELMAN, *Le salut comme drame trinitaire, la theodramatik de Hans Urs von Balthasar*, *op.cit*, p. 125.

1.4. La figure esthétique du Christ, lieu de la révélation de l'être et de l'homme

La figure esthétique du Christ en tant que lieu de la révélation de l'être et de l'homme nous offre un espace dans lequel l'être et l'homme expriment leur quiddité. Au regard de tout cela, Balthasar soutient que Dieu, le fondement même de l'être, se révèle d'une manière unique dans une figure. Ici encore, il faut prendre en compte que l'être est lumière, cette lumière est sa Parole (Logos) qui rayonne dans l'esprit, et qui est déjà reçue par la raison naturelle créée comme une sorte de grâce et de révélation.

Ce qui est décisif dans la révélation de l'être à partir de la figure esthétique du Christ n'est pas tant de saisir l'être que de méditer sur le lieu où l'analyse de l'être au sens chrétien se situe. Puisque c'est par Dieu en son Fils « que nous avons la vie, le mouvement et l'être » (Ac 17, 28a). Ainsi donc, c'est à partir de Dieu par la figure esthétique du Christ que l'être reçoit sa vocation primordiale en tant que zone de clarté où le regard quotidien des étants peut s'exercer dans la sérénité. La figure esthétique du Christ, lieu de la révélation de l'être implique une analyse du point de vue de Balthasar qui prolonge et approfondit la révélation de l'être, lieu de déploiement de la figure. Le dévoilement suppose un enveloppement à partir de la figure esthétique du Christ. Dès lors, on comprend que la révélation de l'être n'est pas neutre. L'être est maintenant conçu par Balthasar comme merveille de la figure du Christ qui renvoie à Dieu, Principe des principes.

Si l'être ne se révèle pleinement qu'à partir de la figure esthétique du Christ, qu'en est-il de l'homme ? A cette question, Balthasar répond, qu'il s'agit d'un nouveau mode de la présence de Dieu dans la figure du monde, une nouvelle intimité de l'union avec lui, à laquelle l'enfant de

Dieu reçoit un accès et une participation. En affirmant cela, Balthasar, dans une phrase qui résume son point de vue sur l'homme dans la figure du Christ et la prise en charge de la figure du Christ par l'homme, souligne que : « *la figure du Christ requiert d'être accompagnée, dans toutes ses dimensions, par les hommes qu'elle rencontre ; c'est en vue de cet accompagnement et de cette prise en charge qu'a lieu l'incarnation* »[61] du Fils, Homme-Dieu.

C'est dans la figure esthétique du Christ, en tant que lieu de la révélation que l'homme créé peut, par la grâce, devenir un enfant du Père, pour avoir part à la mission du Christ sur la terre. A cet effet, Balthasar souligne que l'homme est désapproprié et réquisitionné pour la vie divine, mais par là aussi pour les décrets divins de salut au sujet du monde. Dans la mesure où l'homme devient une personne dans le Christ, il acquiert aussi en lui un espace ecclésial pour abriter en lui d'autres hommes. Tel est le sens de la figure esthétique du Christ en tant que lieu de la révélation de l'être et de l'homme.

Au terme de ce chapitre qui vise à élucider la figure esthétique objective de la révélation, on peut retenir comme point essentiel que la figure esthétique du Christ se donne comme phénomène qui empêche l'homme de tourner sur lui-même. Dans la figure esthétique objective de la révélation, Balthasar montre que, le Père sort de soi pour poser son Verbe vivant et en cela il donne au Fils toute la plénitude de la vie divine en écho avec l'inversion trinitaire. Tout ceci, pour ouvrir à l'être et à l'homme un espace de dévoilement à partir de la figure esthétique du Christ.

---

[61] Hans Urs von BALTHASAR, *La gloire et la croix, t. I, op.cit*, p. 389.

Chapitre II : Le Christ, centre de la figure esthétique objective de la révélation

La présence réelle et vivante de Dieu dans la figure esthétique du Christ est pour tout chrétien une vérité de foi active. Cette vérité de foi active est visible et dicible dans la figure esthétique de Jésus-Christ. L'expression « centre de la figure de révélation » ne désigne pas une fraction, même centrale, de cette figure elle désigne bien plutôt ce par quoi la figure totale acquiert son unicité et son intelligibilité.

Jésus-Christ est le centre de la figure esthétique objective de la révélation parce que non seulement il est ce centre à partir duquel la vie humaine est possible, mais surtout, en sa figure centrale dans le monde le *« Père sort de soi pour poser son Verbe vivant »*[62]. *« Le don du Père n'est pas seulement don de quelque chose ou même de tout ce qu'il a. Dieu donne tout ce qu'il est. Ce don passe totalement à la Personne du Fils engendré »*[63]. Là où disparaît le donateur pour que l'autre apparaisse en sa propre consistance, c'est alors qu'existe l'amour absolu qui garantit l'unité de l'essence. Le Père s'extériorise dans la figure de Jésus-Christ tout en restant Père.

La vie de Jésus-Christ sur terre est le reflet de la gloire du Père et l'expression de la vie trinitaire. Dans son être en tant que Fils, il manifeste l'unicité du Père en adéquation parfaite avec l'Esprit-Saint. Voilà ce que nous voulons analyser, en trois points. Le premier point montrera la crédibilité de la centralité de la figure du Christ dans la révélation. Le deuxième traitera de l'harmonie entre identité-existence-mission de la figure du Christ et enfin,

---

[62] Hans Urs von BALTHASAR, *La Dramatique divine. t. IV. Le dénouement. op.cit*, p. 72.
[63] *Ibid*, p. 71.

le dernier insistera sur la force et l'unicité de la figure du Christ.

2.1. La crédibilité de la centralité de la figure du Christ dans la révélation

L'approche théologique de Balthasar est kénotique. Kénotique parce qu'elle perçoit et reçoit le centre de la révélation dans l'avènement kénotique de la figure esthétique de Jésus-Christ. C'est dans la figure kénotique de Jésus-Christ que le déploiement de l'amour insondable de Dieu fait naître la foi et fonde la possibilité de sa perception. Ainsi, le centre de la révélation est la figure esthétique du Christ dont l'harmonie fait correspondre la mission du Christ et son existence. Cette figure esthétique du Christ porte en elle-même les conditions de sa perception et de sa crédibilité. C'est dans ce cadre que s'insère la crédibilité de la figure du Christ dans la révélation.

En ce qui concerne la crédibilité de la centralité du Christ, Balthasar précise qu'à ce point crucial, plusieurs seraient tentés de se séparer de nous il s'agit bien plutôt d'une correspondance de la personne humaine tout entière avec la figure esthétique du Christ. *Ce ne sont pas seulement des conditions intellectuelles, ce sont des conditions existentielles qu'ils faut remplir pour que la figure, s'adressant à la personne tout entière, trouve audience en cette personne tout entière »*[64]. De cette assertion de balthasarienne, on peut retenir comme essentielle l'explication qui caractérise la crédibilité de la centralité du Christ.

[64] Hans Urs von BALTHASAR, *La gloire et la croix,* t. I, *op.cit*, p. 392.

La figure esthétique du Christ est telle qu'elle se donne d'elle-même, aucune époque, aucune civilisation ne peut être privilégiée vis-à-vis du phénomène. Ce qui est décisif et éclairant se trouve en elle, et cela à un double point de vue : d'abord en ce que la figure qui apparaît dans le Christ a en elle une justesse et une évidence internes, comme celle d'une œuvre d'art ou d'une proposition mathématique, puis en ce que cette justesse établie entre les rapports internes a de plus le pouvoir de rayonner d'elle-même jusqu'au cœur de l'homme qui la saisit, ce qui ne doit pas être compris en un sens purement intellectuel, mais au sens d'une transformation de l'existence. Cette assertion vise à monter que le Christ est la figure esthétique ultime et crédible de la révélation. Telle est, l'idée essentielle de crédibilité de la centralité du Christ selon notre auteur. Et dans cette figure ultime et crédible, règne une harmonie entre identité, existence et mission dans la figure esthétique du Christ.

2.2. Harmonie entre identité-existence-mission dans la figure esthétique du Christ

Dans *La Gloire et la Croix (t. I),* l'harmonie entre identité-existence-mission dans la figure esthétique du Christ est décrite comme unicité de la personne de Jésus-Christ, qui se manifeste par la double unicité de sa relation au Père et du but sotériologique de sa mission dans le monde. Selon la formule de l'Evangile selon saint Jean : « Je suis sorti du Père et venu dans le monde » (Jn 16, 28). Une telle harmonie détermine « *la correspondance entre la mission du Christ et son existence [...] A l'entendre, il existe entre sa mission et son existence une correspondance parfaite : il y a accord entre les deux »*[65]. De ce point de vue, le Père est celui qui envoie et qui, par l'acte de mission, fonde toute l'existence de Jésus-Christ sur la terre. Cela est vrai à tel point que dans l'envoyé (Jésus-Christ), celui qui envoie (Dieu le Père) est présent, il demeure auprès de l'envoyé. Il y a là identité entre l'envoyé et celui qui envoie, l'identité est à comprendre dans la procession du Fils.

Il est important de préciser que l'envoi ou la mission comme mode d'existence de Jésus-Christ s'enracine dans la sortie du Père : la procession. Ce qui montre que l'envoyé a depuis toujours été auprès de Dieu. Ainsi, le Christ est à la fois identique à son existence et à sa mission. Et c'est seulement dans ce contexte que le Christ ramène cette harmonie entre sa mission et son existence au fait qu'il n'accomplit pas sa volonté propre mais celle du Père, donc qu'il ne s'est pas lui-même donné cette mission, mais l'a reçue dans l'obéissance. Mais en sa signification fondamentale, il ne s'agit pas de la figure de Dieu vu en lui-même, mais apparition de cette figure esthétique dans l'identité de celui qui obéit et de son obéissance, dans les deux natures. Il ne pouvait pas en être autrement, du fait que dans le cours de sa vie, Jésus se manifeste comme celui dont la volonté de Dieu est la nourriture.

L'harmonie entre identité-existence-mission dans la figure esthétique du Christ se manifeste réellement dans la tâche du Christ, cette tâche consiste à « *exprimer la paternité de Dieu dans le monde [...] par tout son être, toute sa vie et sa mort»*[66], étant donné que « *la volonté du*

---

[65] Hans Urs von BALTHASAR, *La gloire et la croix,* t. I, *op.cit*, p. 396.

[66] Hans Urs von BALTHASAR, *La Dramatique divine t. II/2. Les personnes du drame. 2. Les personnes dans le Christ, op.cit*, p. 138.

Père, de l'engendrer et de l'envoyer dans le monde, est une seule et même volonté. Sortir et venir sont donc, pour le Fils, une action et un mouvement unique : la mission intérieure et la mission extérieure ne font qu'un »[67]. L'harmonie entre identité-existence-mission dans la figure esthétique de Jésus-Christ se cristallise par la correspondance entre la mission du Christ et son existence.

Pour mieux comprendre les rapports entre identité-existence-mission dans la figure esthétique du Christ, Balthasar écrit qu'il est question des rapports soudés les uns aux autres dans un équilibre sans faute ; harmonisés dans une unité supérieure mais qui ne sont jamais en désaccord, en manque d'équilibre. En outre, il convient de dire qu'il n'y a pas seulement une harmonie entre identité-existence-mission dans la figure esthétique de Jésus-Christ. Il y a aussi identité perçue comme figure d'obéissance au Père. Tout cela au service de la gloire de Dieu se révélant dans la kénose du Christ comme amour trinitaire.

2.3. La force propre et l'unicité de la figure esthétique du Christ

L'intérêt de la force propre et de l'unicité de la figure esthétique du Christ est de montrer que, c'est à la figure du Christ, en elle et pour elle que le monde doit sa force toute entière comme la figure esthétique du Christ doit sa force à la communion trinitaire. Balthasar fait appel ici à la Sainte Ecriture pour dire enfin de compte que « *ce dynamisme du Christ qui s'exerce, c'est l'Esprit de Dieu qui procède de lui, qui remplit absolument tout dans*

---

[67] Hans Urs von BALTHASAR, *La Dramatique divine. t. IV. Le dénouement, op.cit*, p. 68.

l'Eglise, qui confère à la figure sa vitalité intérieure et surtout à l'Evangile la force propre qui prévaut »[68], aussi bien dans l'individu qui parvient à la justification où la force de Dieu veut se manifester par contraste avec la faiblesse humaine en vue d'œuvres puissantes. La force propre de cette figure tient dans la manifestation de Dieu en Jésus-Christ comme Fils. Il s'agit avant tout de la filiation.

En s'appuyant sur la Sainte Ecriture pour expliquer la force propre de la figure esthétique du Christ, Balthasar insiste sur la nécessité de saisir la force propre de la figure du Christ : « *cette force divine est toujours trinitaire : force du Père qui donne la grâce, qui ressuscite, force du Fils qui s'affirme et se montre vivant, force qui, en tant que telle, et en se distinguant du Père et du Fils, porte les traits d'une hypostase propre »*[69] ; pourtant elle demeure liée de façon décisive au Seigneur incarné et désormais exalté. Une telle force de la figure esthétique du Christ comme manifestation propre de la force trinitaire, en tant qu'espace intime, c'est-à-dire le cœur de tout le mystère, dans la mesure où ici, et ici seulement, la figure trinitaire devient visible en la figure du Christ.

Nous venons de voir que, d'après Balthasar, la force de la figure esthétique de Jésus-Christ est constituée de la force de la figure trinitaire. Au sujet de l'unicité de la figure esthétique de Jésus-Christ qui ne peut être perçue que par les yeux de la foi, la véritable unicité n'est visible que pour les yeux de la foi. S'il est vrai que le Verbe s'est fait réellement chair, homme, histoire du monde, qu'il vient vers nous, non pas nu, mais toujours sous le voile de

---

[68] Hans Urs von BALTHASAR, *La gloire et la croix, t. I, op.cit*, p. 415.

[69]Hans Urs von BALTHASAR, *La gloire et la croix, t. I, op.cit*, p. 416.

la chair, alors nous devons accorder que l'unicité de la figure ne peut absolument pas être établie scientifiquement. Avec cette affirmation, Balthasar montre comment interpréter la figure esthétique de Jésus-Christ, comme révélation du mystère de Dieu.

Balthasar établit une continuité dans la discontinuité entre la figure esthétique de Jésus et la communauté post-pascale, qui sont séparées et unies par la mort et la résurrection de Jésus. Le théologien Suisse montre en quelque sorte le lien entre l'événement capital de la figure pré-pascale de Jésus et celle post-pascale, toutes deux, à partir de la foi. Affirmer que *« l'unicité de la figure du Christ [...] comme l'absolument unique qui pourtant, en vertu de sa figure propre, attire à lui comme vers leur centre l'unicité relative des autres [...] Cette attirance, exercée par le centre qu'est l'incarnation de Dieu, sur tous les mythes et esquisses de religions »*[70], mais aussi sur tout ce qui, dans le monde des hommes, est et peut être révélation authentique de Dieu. Tel est le sens profond de l'unicité de la figure esthétique du Christ selon Balthasar.

Ce deuxième chapitre nous a permis de comprendre, de cerner et d'accueillir le Christ, centre de la figure esthétique objective de révélation. En vérité, la figure esthétique de Jésus-Christ est le point central et vivant de la *Sophia* divine venant au monde, elle est aussi le lieu où cette *Sophia* divine, non seulement plane au-dessus du monde créé, mais le touche et le pénètre. En agissant ainsi, Jésus-Christ ne centre pas tout sur lui, il ne se comprend lui-même que comme l'envoyé du Père céleste qu'il sert en lui obéissant humainement de la manière la plus profonde et à partir duquel, sa tâche une fois accomplie, il

---

[70]Hans Urs von BALTHASAR, *La gloire et la croix, t. I, op.cit*, p. 429.

fait descendre l'Esprit divin sur l'Eglise pour continuer son œuvre à travers les figures de médiation.

Chapitre III : La figure esthétique du Christ et sa médiation

Articuler la figure esthétique du Christ et les figures de médiation, tel que nous voulons l'envisager, appelle la clarification entre la figure archétype du Christ et les figures qui ont sens et vie à partir de l'archétype. Du début de notre analyse jusqu'à présent l'accent est mis sur la figure du Christ, sa crédibilité, son harmonie, sa force et son unicité. Pour montrer la pertinence et la valeur théologique des « *figures théologiques* »[71], nous partirons de la médiation scripturaire, ensuite, nous aborderons la médiation de l'Eglise en tant que figure transparente de médiation en écho avec l'Eucharistie perçue comme figure authentique du Christ. Enfin, la figure de Marie comme figure de médiation mettra un terme à notre propos sur la figure du Christ et sa médiation.

3.1. La médiation scripturaire de la figure esthétique de Christ

Une analyse sérieuse de la figure esthétique du Christ au sens balthasarien du terme, permet de comprendre l'irruption de la figure de Jésus-Christ « *dans son horizontalité* » à partir de « *la verticalité de la Parole de Dieu* »[72]. Il s'agit d'une irruption de la figure esthétique de

---

[71] Nous entendons par figures théologiques, les figures intermédiaires de la figure de révélation de Dieu dans la figure de Jésus-Christ. La figure théologique (Ecriture, Eglise, sacrement, Marie) se ramène à la figure du Christ.

[72] Hans Urs von BALTHASAR, *La gloire et la croix, t. I, op.cit*, p. 176.

Jésus-Christ qui se fait Parole de Dieu reçue par la première communauté chrétienne comme Ecriture. Ce qui intéresse Balthasar surtout, c'est de montrer comment « *l'Ecriture fait partie de la figure elle-même du Christ ; elle est une expression de sa richesse et de sa gloire [...] elle rend témoignage, par cette humble figure, à l'humble figure du Christ et la désigne avec exactitude* »[73]. Toujours est-il qu'aux yeux de Balthasar, l'Ecriture comme figure de médiation nous introduit dans l'univers de Dieu et dans celui des hommes unis en la figure de Jésus-Christ par le fait de l'Incarnation.

Parmi les affirmations de Balthasar sur la médiation scripturaire de la figure du Christ, il faut signaler en premier lieu l'insistance selon laquelle « *l'Ecriture est la figure extériorisée, ouvertement placée devant le monde, l'obscurité dans le dévoilement va de soi, elle est une nécessité : l'incrédulité n'a pas pu voir la figure de Jésus dans sa corporalité, pas plus que dans la lettre de l'Ecriture elle ne découvre son esprit* »[74]. Ainsi, « *l'Ecriture est le signe que la révélation en gestation est close* »[75]. Au fond, l'Ecriture reste l'intermédiaire, le témoignage, la médiation parce qu'elle a une figure authentique, elle est la mesure scripturaire choisie par Dieu, pour rendre témoignage de son dessein de salut. Ce que Balthasar vise dans la médiation scripturaire de la figure du Christ, c'est de prendre au sérieux l'Ecriture, « *car toute l'Ecriture a une figure christologique* »[76] esthétique.

---

[73] *Ibid*, p. 457.

[74] Hans Urs von BALTHASAR, *La gloire et la croix, t. I, op.cit*, p. 457.

[75] *Ibid*, p. 458.

[76] *Ibid*, p. 462.

3.2. L'Eglise en tant que figure-transparente de la figure esthétique du Christ

Dans cette analyse, nous chercherons à présenter l'Eglise comme figure intermédiaire de révélation de Dieu dans la figure du Christ, au sens où la figure de l'Eglise renvoie essentiellement à la figure esthétique de la révélation de Dieu. Force est de constater que l'Eglise n'est pas le Christ, mais elle ne peut prétendre à aucune autre figure, pour elle et aux yeux du monde, que la figure du Christ qui s'est imprimée en elle et lui donne sa structure comme l'âme le fait du corps. Dans cette perspective, Balthasar pense qu'il n'existe absolument pas d'autres moyens pour justifier la figure de l'Eglise institutionnelle, c'est-à-dire pour rendre digne de foi aux yeux du monde, non seulement dans le fait qu'elle existe, mais dans son comment et son pourquoi. Balthasar interprète ici la figure du Christ et, à partir d'elle, celle de la figure de l'Eglise, dans le souci de redécouvrir dans la figure de l'Eglise, le lieu spatial de la manifestation véritable de la figure du Christ.

Dès lors, l'Eglise perçue comme figure-transparente de la figure esthétique du Christ, intègre en son sein l'apport de ses membres pour la vie de l'Eglise. Pour cela, Balthasar peut encore écrire : « *la vie religieuse n'est pas seulement l'expression du Christ, elle contribue aussi à imprimer la force du Christ dans l'Eglise des Laïcs. On s'en aperçoit quand le sens de la figure du Christ se révèle comme amour de Dieu pour le monde, et comme amour parfait de l'homme pour Dieu et pour ses frères* »[77] ; ce sens, qui forme en premier lieu la figure esthétique du Christ doit et peut être aussi le sens de toute figure de vie

[77] Hans Urs von BALTHASAR, *La gloire et la croix, t. I, op.cit*, p. 507.

dans l'Eglise. Cela veut dire que tout ce qui a une figure déterminée, par exemple les structures sacramentelles ou hiérarchiques, les états de perfection, etc., n'est chrétien qu'autant que, et dans la mesure même où il est concrétisation et élucidation de l'amour du Christ imprimé dans la figure de l'Eglise.

Dans *La dramatique divine,* Balthasar cherche à montrer en quoi « *l'Eglise est présence vraiment divine de l'éternité dans le temps. Elle est un regard vers le ciel à partir de la terre* »[78], précisément, un accès à la vie divine à partir de la vie terrestre.

L'Eglise est très exactement le lieu du commencement de l'éternité au cœur du temps. Le chrétien possède la consolation de savoir qu'il s'efforce, dans l'espace ecclésial terrestre, de reproduire ce qui advient éternellement aux habitants du ciel. Il sait aussi que par-là, son temps caduc a une place dans le temps éternel du Père. Les chrétiens comprennent qu'ils ne doivent interpréter leur vie de créature en son mouvement vers le ciel, que comme une image de ce qui les attend un jour auprès du Père. L'unité entre le temps qui passe et le temps éternel est assurée par cette manière de considérer l'Eglise. Ainsi, l'Eglise comme figure-transparente de la figure du Christ est d'abord une réalité de la figure du Christ instituée dans le temps. Cette Eglise perçue comme figure-transparente de la figure du Christ vit au sein de la figure du Christ, et dans sa mission, elle doit constamment non seulement refléter la figure du Christ, mais la transmettre dans la vie des croyants.

---

[78] Hans Urs von BALTHASAR, *La Dramatique divine. t. IV. Le dénouement, op.cit*, p. 115.

3.3. *La figure de l'Eucharistie*

Réfléchir sur la figure eucharistique, c'est indiquer avec Balthasar, que l'Eucharistie est avant tout « *une figure réelle et substantielle [...] en elle le Christ substantiel se présente, en son entier, comme don du Père au monde, et toute la vie de foi des chrétiens est fondée sur l'acte qui leur fait manger et boire, physiquement et sacramentellement, la chair et le sang du Christ* »[79]. Perçue et reçue dans la foi en tant que figure réelle et substantielle, la figure eucharistique dans sa connotation balthasarienne est à la fois don du Père au monde et don du Fils au Père. Balthasar a donc raison de dire :

L'incarnation est en quelque sorte l'eucharistie du Père. La semence du Père reçue par Marie devient un homme par l'intermédiaire du Saint-Esprit. Elle l'accueille en tant qu'eucharistie du Père, c'est comme une première communion. Et en tant que créature prédestinée, le Père lui confie l'existence du Fils, qui est un si total abandon qu'il s'est laissé changer en un pain du Père. « Pain » désigne ici la substance de la semence que peut assimiler la femme. Dans la parabole aussi le Père est le semeur ; la semence, le Fils, lève dans la mère et désormais le pain peut être préparé pour tous : c'est l'eucharistie. En offrant le Fils au monde, la mère commence à distribuer le pain. Plus tard, le Fils se donne lui-même aux hommes dans le sacrement, ratifiant ainsi l'œuvre du père et sa propre nature : être eucharistie du Père. Il ratifie aussi le geste de partage de la mère. Ainsi, « *dans le corps du Fils l'eucharistie du Père est unie à celle du Fils ; l'incarnation va si loin que le Fils, pour rejoindre le Père, se laisse distribuer à tous. En abandonnant*

---

[79] Hans Urs von BALTHASAR, *La gloire et la croix, t. I, op.cit*, p. 406.

eucharistiquement son corps, il accomplit sur terre ce que le Père a fait au ciel en donnant son Verbe comme semence à la mère »[80].

Balthasar a écrit plusieurs pages sur l'Eucharistie, mais il convient de dire que la figure de l'Eucharistie dans la connotation balthasarienne est la figure de médiation qui communique réellement et substantiellement la figure du Christ. La figure de l'Eucharistie apparaît ici comme la récapitulation caractéristique de toute l'existence du Dieu incarné et en même temps comme l'initiation caractéristique à la manière d'être du Dieu Trinité.

3.4. La figure de la Vierge Marie

Marie est la mère de Jésus. C'est le premier titre que la tradition évangélique lui attribue de tout temps. Plusieurs textes de la Sainte Ecriture la désignent ainsi, et à travers eux on peut évoquer brièvement sa vocation, son rôle et son lien avec la figure esthétique du Christ. Et la figure de Marie est à situer à l'intérieur de l'Eglise. De même, selon Balthasar « *bien que la figure et la mission de Marie soient privilégiées, celle-ci n'en demeure pas moins l'archétype de l'Eglise, étant celle qui écoute la Parole de Dieu »*[81]. Sans rentrer dans les débats théologiques au sujet de la figure de Marie, nous voulons nous limiter à la figure de Marie selon la vision de Balthasar.

Dans le souci de préciser le lien entre la figure de Jésus et celle de Marie, Balthasar déclare que « *ce n'est pas la foi de Marie qui engendre la figure de Jésus, mais c'est à*

---

[80] Hans Urs von BALTHASAR, *Adrienne Von Speyr et sa mission théologique, op.cit*, p. 134.

[81] Hans Urs von BALTHASAR, *La gloire et la croix, t. I, op.cit*, p. 454.

sa foi que la figure est donnée »[82]. En d'autres termes, la figure de Marie ne remplace pas celle du Christ, elle la révèle bien plutôt à la lumière d'un reflet, aussi bien dans sa figure propre. La pertinence de la figure de Marie, c'est d'être une mission de la figure esthétique du Christ dans laquelle la mission de Marie débouche et elle s'accomplit dans celle du Fils.

Dès que Marie a dit « oui », sa vie prend la forme consciente et explicite de ce consentement dont tout le reste va dépendre. *« La fille de Sion, personnification abstraite d'Israël, est actualisée en la personne de Marie qui accueille la promesse messianique au nom du peuple »*[83]. C'est ainsi que Marie a donné son consentement comme figure de médiation qui pour toujours veut rester dans l'attitude du « oui » d'acceptation. Balthasar, tellement fasciné par la figure de Marie atteste qu'*« en fait, la vie de Marie n'a pas de figure propre, séparée, elle n'est que l'accompagnement très proche de la figure du Christ, elle se trouve à l'ombre et à la lumière de cette figure unique »*[84]. La figure de Marie se situe dans la continuité de la mission du Christ.

Pour clore cette deuxième partie de notre analyse, avec les données que nous avons rassemblées jusqu'ici, l'inventaire de la centralité du Christ dans la figure esthétique objective de la révélation et sa médiation

---

[82] Hans Urs von BALTHASAR, *La gloire et la croix, t. I, op.cit*, p. 456.

[83] Hans Urs von BALTHASAR, *La gloire et la croix, t. V, Théologie Nouvelle Alliance*, Paris, Cerf, 1990, p. 54. Il est aussi important de signaler avec Balthasar que *« dans le Magnificat s'exprime la somme de l'histoire d'Israël (dans la langue la plus pure de la piété), à l'instant initial de son accomplissement, au moment où, par la pure action de Dieu, il passe à son sens total »*. *Ibid*, p. 55.

[84] Hans Urs von BALTHASAR, *La gloire et la croix, t. I, op.cit*, p. 477.

comme figure constitue l'*éthos* de notre réflexion. Le premier chapitre de cette deuxième partie nous a permis d'apprécier d'abord le déploiement de la figure de révélation et le mystère de la figure esthétique dans une sorte de symbiose avec la figure trinitaire.

Le chapitre II, met en exergue le Christ "*centre de la figure de révélation*" dans le souci de montrer à la fois la crédibilité de la centralité de la figure esthétique du Christ dans la révélation et l'harmonie entre identité-existence-mission de la figure esthétique du Christ, en insistant sur la substance et l'unicité de la figure du Christ. Le troisième chapitre quant à lui, se veut une présentation brève de quelques figures de médiation telles que : la figure scripturaire, l'Eglise perçue comme figure-transparente de la figure du Christ, la figure eucharistique et la figure de Marie qui, de par son fiat, fait déjà une première expérience spirituelle de la figure esthétique du Christ. Si avec Achiel Peelman « *l'œuvre de Balthasar est souvent présentée comme une théologie spirituelle ou comme une spiritualité théologique* »[85], cela nous permet dans la troisième partie, de repartir des expériences spirituelles de la figure du Christ pour redonner un nouveau souffle à l'Eglise de Dieu en Afrique.

---

[85]Achiel PEELMAN, *Le salut comme drame trinitaire, la theodramatik de Hans Urs von Balthasar*, Paris, Médiaspaul, 2002, p. 23.

Troisième partie : Repartir des expériences de la Figure esthétique du Christ pour redonner du sens à la figure du religieux en Afrique

Réfléchir sur les vérités de foi est une chose importante, mais il est encore mieux de faire l'expérience de Dieu manifesté dans la figure esthétique du Christ. Cela revient à dire, que le christianisme n'est pas seulement une confession de foi théorique, il est fondamentalement une vie de foi pratique et active, un ensemble d'expériences spirituelles transmis depuis la génération des apôtres.

Dans le cadre de la foi reçue et vécue à la suite des apôtres, il existe une expérience pratique de la figure esthétique du Christ, expérience dans laquelle l'homme rencontre et entre en dialogue avec Dieu révélé dans la figure du Fils. Cette expérience de la figure esthétique du Christ est attestée par les Pères de l'Eglise pour qui, la Tradition de l'Eglise véhicule de génération en génération, une chaîne d'expériences sotériologiques faites par les hommes et les femmes de foi.

La bonne compréhension de cette expérience exige de nous présenterons cette troisième partie en trois chapitres. Le premier chapitre sera une compréhension des expériences archétypes à partir de celle du Logos. Ensuite, le deuxième chapitre tentera de rappeler les sens spirituels et les conditions de l'apostolat chrétien. Enfin, le troisième chapitre nous permettra de repartir de la figure esthétique du Christ pour s'interroger les implications pratiques à partir de la beauté de la vie religieuse en Afrique.

Chapitre I : De l'expérience du Logos aux expériences archétypes

De l'expérience du Logos aux expériences archétypes de la figure du Christ telle que formulée, vise à cerner l'ensemble des expériences spirituelles de Dieu, depuis l'expérience du Logos de Dieu à celles des témoins oculaires. C'est à partir de l'expérience du Logos que toutes les expériences spirituelles chrétiennes acquièrent un sens et une consistance pour une vie de foi réaliste. Ainsi, nous articulerons ce premier chapitre à travers les thèmes suivants : l'expérience du Logos, les expériences archétypes qui commencent avec Marie-Eglise, les douze apôtres et l'expérience de saint Paul.

1.1. Expérience du Logos

L'expression « *expérience du Logos* »[86] est propre à Balthasar. Elle est à comprendre en écho avec la théologie johannique du Logos afin de mieux saisir le mystère de la figure du Christ tel qu'il est exprimé dans le prologue de saint Jean. Il s'agit du « *logos divin qui nous a été donné en Jésus-Christ, comme terme et cime des promesses anciennes, comme possibilité d'une communion totale* »[87]. Certes, interpréter l'expérience du Logos en tant qu'expérience prototype, ce serait pour celui qui en parle une prétention démesurée, si le mystère de la figure du Christ, lui-même ne le rendait pas possible. Chez Balthasar, c'est dans la figure du Christ, en écho avec le

---

[86] Hans Urs von BALTHASAR, *La gloire et la croix, t. I, op.cit*, p. 196. C'est dans le chapitre II, intitulé « expérience de foi » que Balthasar aborde la thématique de l'« expérience du Logos ».

[87] Hans Urs von BALTHASAR, « *Le principe* » in *Communio* n° 1, Paris, Revue catholique internationale, 1975, p. 6.

Père et dans la communion du Saint-Esprit, que l'on peut comprendre l'expérience du Logos en tant qu'expérience prototype. L'on saisit ici la véritable profondeur de cette expérience du Logos « *à partir de l'archétype trinitaire ! Le Père sort de soi pour poser son Verbe vivant et en cela il donne au Fils toute la richesse* »[88]. Cette expérience du Logos situe tout homme de foi, dans le mystère de la révélation de Dieu manifesté par le Logos divin.

Balthasar fonde son analyse sur l'assertion johannique qui, avec le concept « Logos », rend compte de l'expérience biblique de Dieu et de l'homme. Pour l'éminent théologien, l'expérience biblique de Dieu dans l'Ancien et le Nouveau Testament est dans son ensemble caractérisée par le fait que le Dieu essentiellement invisible (Jn 1, 18) et inaccessible (1 Tm 6, 16) vient lui-même, et non par des intermédiaires, dans la zone visible du créé. Celui qui est sans figure prend une figure dans le monde et dans l'histoire ; et dans cette figure choisie et assumée par lui, il peut être rencontré et éprouvé par l'homme tout entier. Conscient du sens et de la profondeur théologique du Logos johannique, Balthasar rappelle : ce qui était dès le commencement, ce que nous avons entendu, ce que nous avons vu de nos yeux, ce que nous avons contemplé et ce que nos mains ont touché du Verbe de vie, il est impossible de méconnaître le parallèle avec le mode d'expérience esthétique[89]. En tant qu'exégète de

---

[88] Hans Urs von BALTHASAR, *La Dramatique divine. t. IV. Le dénouement. Op.ict*, p. 69.

[89] Pour Balthasar « le mot et le concept 'esthétique' ne doivent pas être compris en un sens moderne, dévalué et minimisé, et l'on ne doit pas prendre comme base de départ la structure philosophique, intramondaine, de l'expérience esthétique pour en faire sans transposition la mesure de la réalité théologique. Nous supposons au contraire que le lecteur est déjà décidé à tenir compte de ces deux remarques, et les gardes en mémoire ».

Dieu, le Logos se donne et donne consistance à ceux qui s'engagent dans l'expérience de la *sequela Christi.* Désormais, le Verbe devenu chair se laisse imiter et expérimenter par ceux qui ont foi en Lui.

Balthasar clarifie son approche de l'expérience incarnationnelle du Logos en soulignant que « *le Logos divin qui s'abaisse dans la kénose, se manifeste lui-même comme amour, agapè, et par là comme gloire* »[90]. En donnant au Christ le nom de Logos, saint Jean montre que le Logos apparut dans la chair qui se manifeste et se fait comprendre lui-même. L'exploration de l'expérience du Logos divin dans laquelle naît et s'alimente la foi est décisive pour une vie de foi réaliste par la médiation des expériences archétypes.

1.2. Expérience archétype

L'expérience archétype au sens balthasarien renvoie à la notion de « *l'archétype comme modèle* »[91] d'expérience enracinée dans celle du Fils. Au fond, il s'agit des expériences spirituelles que certains témoins oculaires de l'Eglise avaient déposées dans l'Eglise, comme trésor commun pour l'édification des membres. Expérience archétype parce qu'elle est fondamentalement une expérience de rencontre avec le Christ, dans la mesure où le « *Christ, l'homme complet et achevé, fait tout entier l'expérience de ce qu'est Dieu. Il est dans son corps et dans son âme l'incarnation de cette expérience* »[92]. Mais le Christ en tant que Dieu fait homme et qui révèle Dieu

---

[90] Hans Urs von BALTHASAR, *L'amour seul est digne de foi*, Paris, Aubier, 1966, p. 66.
[91] Hans Urs von BALTHASAR, *La gloire et la croix, t. I, op.cit*, p. 254.
[92] *Ibid*, p. 256.

aux hommes, fait aussi en tant que Dieu l'expérience de ce qu'est l'homme. Les hommes sont invités à entrer dans cette expérience archétype suprême. Pour comprendre parfaitement cette expérience archétype, on doit remarquer que l'expérience de Dieu faite par le Verbe incarné est une expérience de Médiation, une expérience à transmettre.

L'expérience archétype de Dieu qui est celle des témoins du Christ est, à la suite de l'expérience du Christ, modèle dans leur fonction de témoins authentiques, envoyés à l'Eglise et au monde. Ces expériences constituent le fondement sur lequel peut s'édifier l'existence croyante de l'Eglise. Ces expériences archétypes se justifient si l'on prend en compte l'assertion de Balthasar qui définit ses expériences comme : « *l'expérience de Dieu faite par le Christ lui-même, l'expérience des apôtres et, à un rang privilégié, celle de la Mère du Seigneur, ensuite celle de l'Eglise* »[93]dans la mesure où elle est épouse et corps du Christ.

Enfin, il y a l'expérience de cette participation spéciale à la zone du témoignage oculaire qui fut d'abord celle des apparitions à saint Paul et qui est celle des missions mystiques dans l'Eglise. Voici ce que nous avons à développer expérience par expérience. Or, pour parler de l'expérience archétype, il faut pouvoir la fonder à partir de l'expérience prototype, et c'est ce que nous avons posé comme fondement en parlant de l'expérience du Logos. Nous abordons directement l'expérience archétype des apôtres, ensuite celle de Marie et de l'Eglise, enfin celle de saint Paul.

---

[93] Hans Urs von BALTHASAR, *La gloire et la croix, t. I, op.cit*, p. 259.

1.3. Expérience archétype des douze apôtres et celle de Paul

L'expérience archétype des douze apôtres est une participation privilégiée à l'expérience de Dieu qui est celle du Christ lui-même, c'est-à-dire leur témoignage oculaire de Jésus vivant, mort et ressuscité. Dans cette expérience archétype des apôtres, il convient de noter avec Balthasar que les apôtres, témoins oculaires font « *comme commerce avec le Seigneur dans sa vie publique, dans sa passion et dans sa mort, c'est l'expérience de Dieu réelle, communautaire et humaine, qui continue et achève l'Ancien Testament* »[94]. Cette expérience des apôtres est en réalité un ensemble d'expériences rythmées par les enseignements, les miracles, mais avec la mort de Jésus, elle est perçue par les apôtres eux-mêmes comme une expérience du vide.

Dans l'expérience des apôtres, il y a en quelque sorte une gradation d'expérience, qui se manifeste étape par étape, jusqu'à la mort de Jésus sur la croix. Cette expérience commence d'abord par la rencontre et l'appel, ensuite vient le temps des expériences-épreuves qui se prolonge jusqu'à l'épreuve de passion, enfin, la triste expérience du vide de la mort du Fils sur la croix. Cette gradation de l'expérience se vérifie dans la mesure où « *les sens des apôtres habitués à son existence concrète se heurtent au vide, [...] Toute l'expérience humaine des apôtres s'arrête durant le triduum de la mort pour recommencer à la résurrection du Christ* »[95]. Il s'agit ici

[94] *Ibid*, p. 290.

[95] Hans Urs von BALTHASAR, *La gloire et la croix, t. I, op.cit*, p. 290. Balthasar précise que, « *la difficulté pour les apôtres dans leur commerce terrestre avec le Seigneur, n'est pas l'expérience sensible, mais la foi, et la foi qui est appropriée à cet objet de foi et en a la*

d'une rupture mystico-esthétique dans laquelle la période de l'enfance éducative touche à sa fin comme la finale d'une note musicale qui déclenche une appréciation et une invitation à une applicabilité pratique et responsable.

L'expérience foncière de Paul est la grâce d'être arraché par la force du Christ et transvaser son être-Paul dans l'être-disciple du Christ. Pour Balthasar, dans cette expérience, Paul est « *transporté d'un éon dans l'autre* »[96], autrement dit, Paul vit une expérience d'arrachement sur le chemin de Damas. Une expérience exprimée par le Christ Lui-même, Lumière dans laquelle Paul a été frappé au point qu'il tombe de cheval et devient aveugle. C'est dans cette même expérience que Paul est choisi et placé au rang des apôtres primitifs.

L'expérience de Paul n'est pas seulement une expérience corporelle, elle est à la fois une expérience corporelle et spirituelle parce qu'elle est inscrite et transformée dans l'expérience typologique du Christ mort et ressuscité. A propos de cette expérience, Balthasar écrit que « *Paul a été appelé, choisi, équipé et envoyé par le Ressuscité et se voit transformer en une image visible du Christ dans toute son existence corporelle et historique* »[97]. Dans cette expérience, Paul se perçoit comme celui qui a vu, en se laissant voir et en étant vu du Christ, mieux encore Paul voit et entend la voix du Christ.

L'expérience de Paul est en quelque sorte le trait d'union entre les expériences du temps des apôtres et celles du temps de l'Eglise. C'est pourquoi Balthasar affirme que « *l'expérience archétype de Paul se*

---

pleine vision. Ils ont des sens, mais pas encore des sens spirituels ». *Ibid*, p. 292.

[96] *Ibid*, p. 196.

[97] Hans Urs von BALTHASAR, *La gloire et la croix, t. I, op.cit*, p. 267.

tient à cheval sur crête qui sépare le temps des apôtres et le temps de l'Eglise: il défend son privilège d'appartenir encore au temps des apôtres, et le Seigneur lui-même lui donne sa garantie pour cette appartenance »[98]. Cependant son expérience du Christ présente des traits essentiels du temps de l'Eglise : notamment celui de la révélation privée et de sa garantie par la sainteté personnelle. Cette expérience archétype est particulièrement vécue par Marie, modèle de l'Eglise.

1.4. Expérience mariale et ecclésiale de Dieu

Expérience archétype de la Mère du Seigneur est une expérience intime, c'est cette expérience qui coule dans l'Eglise et la rend fertile en tant qu'expérience de participation à l'expérience du Christ. « *Au carrefour de toutes les routes qui vont de l'Ancien au Nouveau Testament, il y a l'expérience mariale de Dieu, si riche et si secrète à la fois qu'on peut à peine la décrire»*[99].

L'expérience mariale a ses racines dans la figure du Christ et puise les sèves spirituelles de sa foi dans la figure du Christ. L'expérience de Marie est la conséquence de sa foi. Comment comprendre cette expérience mariale en tant qu'expérience archétype enracinée dans celle du Christ ? « *D'abord parce que la foi de Marie, qui est le fondement de son expérience de maternité, reste la même que la foi d'Abraham et que celle de tous les chrétiens ». « Ensuite, parce que Marie, portant en enfantant le Fils de Dieu et la tête de l'Eglise, contient en elle et fait sortir d'elle, par un rapport en quelque sorte physique, les chrétiens avec leur*

[98] *Ibid*, p. 294.
[99] *Ibid*, p. 286.

foi et leur expérience de foi »[100]. Au sens profond du terme, par la médiation de l'expérience mariale, Sion passe dans l'Eglise, la Parole dans la chair, la tête dans le corps. Elle est donc le lieu de la fécondité et de la surabondante expérience de foi pour les chrétiens.

Chez Balthasar, l'expérience mariale a une connotation ecclésiale au sens où l'expérience de Marie est une expérience de désappropriation de ce qu'elle a, dans la plus fine parcelle de son être-mère au service de l'Eglise universelle. C'est ce que Balthasar résume en ces termes : *« l'expérience physique et personnelle que fait Marie de l'enfant qui est son Dieu et son Rédempteur, est ouverte sans réserve sur la chrétienté : elle est par avance toute entière et de plus en plus une expérience pour les autres, pour tous »*[101]. Au fond, l'expérience de Marie est celle d'une désappropriation de soi-même au profit de la communauté universelle.

En outre, l'expérience mariale est à la fois christologique et ecclésiologique. Elle est christologique parce que Marie, une mère humaine, avec tous ses sentiments, ses expériences, ses joies et surtout ses souffrances maternelles, est requise pour porter le mystère de Dieu fait homme et du Rédempteur du monde. Elle est ecclésiologique en tant qu'expérience de l'Eglise, épouse du Christ, parce que, dans cette expérience, Marie a posé les bases de l'Eglise. « *Il s'agit d'adhérer au Christ, c'est-à-dire de communier à sa vie, à ses états, à ses mystères et à ses sentiments et à ses dispositions, à l'imitation de la Vierge Marie »*[102], c'est aussi le cas de saint Paul.

---

[100] Hans Urs von BALTHASAR, *La gloire et la croix, t. I, op.cit*, p. 287.

[101] *Idem.*

[102] Charles Alexandre WHANNOU de DRAVO, « *Essai sur le sacerdoce à l'école française de spiritualité* » in *Vie religieuse et sacerdoce*, Cotonou, Pentecôte d'Afrique n° 54, 2011, p. 40.

Témoins oculaires du Christ, les apôtres tirent leurs expériences de celle du Logos, sinon ils ne pourraient guère rendre témoignage. L'expérience de la Vierge Marie, celles des douze apôtres et de Paul sont toutes des expériences de foi qui exigent des sens spirituels d'êtres-christifiés.

Chapitre II. Sens spirituels et les conditions de l'apostolat chrétien

Les expériences archétype exposées plus haut ont démontré que le caractère archétype d'une expérience requiért l'extension de sa portée à la foi chrétienne. La foi reçue comme don gratuit grâce à la figure du Christ, se manifeste là où les sens humains rendent possible l'acte de foi, et deviennent spirituels. Par « sens spirituels » il faut entendre le passage de la sensibilité profane à la sensibilité spirituelle pour une praxis dynamique de l'apostolat chrétien. Voilà ce que nous avons à présenter en quatre points. Ainsi, nous rappellerons d'abord un point de l'histoire de la théologie spirituelle, ensuite nous ferons un bref exposé sur les sens spirituels perçus comme cœur ouvert, enfin, nous terminerons le chapitre en mettant un accent sur les conditions de l'apostolat chrétien, notamment la centralité de l'Eucharistie, source de mission.

2 .1. Point de vue historique de la théologie des sens spirituels

Balthasar décrit le point de vue de l'histoire de la théologie spirituelle en trois moments au cours desquels la thématique « des sens spirituels » a été traitée d'une manière originale. La première phase consiste à présenter la doctrine des cinq sens spirituels développée par

Origène. La deuxième phase précisera qu'au Moyen Age, les sens spirituels étaient interprétés comme l'expression de l'expérience mystique et intuitive de Dieu, enfin les *Exercices de saint Ignace de Loyola* seront l'objet de la troisième phase. Ainsi, dans son analyse des sens spirituels, sur la base de quelques textes scripturaires, Balthasar arrive à la conclusion selon laquelle :

Origène a établi la doctrine qu'il existe un "sens général du divin" qui se subdivise en différentes espèces :"une vision pour contempler les choses surnaturelles, comme, par exemple, les chérubins et les séraphins, une audition pour percevoir des voix qui ne retentissent pas dans l'air extérieur, un goût qui peut savourer "le pain qui est descendu du ciel pour la vie du monde", de plus un odorat qui sent ce dont parle saint Paul disant : nous sommes la bonne odeur du Christ pour Dieu", enfin un toucher comme celui de saint Jean qui déclare "avoir touché de ses mains le Verbe de vie"[103].

Telle est la synthèse de la doctrine des cinq sens spirituels chez Origène qui, selon notre auteur, constitue la première phase de l'expérience spirituelle.

La deuxième phase est celle du Moyen Age avec plusieurs représentants dont les tenants sont Guillaume de saint-Thierry, Albert le Grand et Bonaventure. Pour Balthasar, « *Chez Guillaume de saint-Thierry, la vision, l'audition, le goût, le toucher, l'odorat des âmes qui aiment Dieu expriment l'expérience de présence du Bien-Aimé* »[104]. Notons que Guillaume connaît aussi, aux plus hauts degrés de la mystique, une audition immédiate des paroles spirituelles du Logos. Ce point de vue est partagé par Albert le Grand et Bonaventure. « *Chez saint Albert le*

[103] Hans Urs von BALTHASAR, *La gloire et la croix, t. I, op.cit*, pp. 311-312.
[104] *Ibid*, p. 314.

Grand, cette perception intérieure est comprise à partir de la mystique, et il en est de même chez saint Bonaventure »[105].

La troisième phase est celle des *Exercices de saint Ignace de Loyola*. Il s'agit d'une application des sens sur le mystère de foi contemplé dans la mesure où les *Exercices* sont comme des moyens pour imiter dans l'usage de ses sens le Christ. Au fond, ce sont des exercices préparatoires qui doivent élaborer une façon et un moyen d'exercer et de préparer l'âme à profiter spirituellement. *« [C'est] un moyen de nous exercer à "employer nos sens à l'imitation des sens du nouvel Adam et de la nouvelle Eve, un abandon de soi à l'ordre de l'incarnation" »*[106].

Toutefois, si du point de vue historique de la théologie spirituelle des sens, les cinq sens spirituels expriment d'une part, l'expérience de la présence du Christ et d'autre part, ils constituent un moyen pour imiter les sens du Christ, ils sont aussi le cœur ouvert de l'homme.

2.2. Les sens spirituels vus comme un cœur ouvert

Les sens spirituels sont comme un cœur humain, cet espace intime où tout mystère est ouvert et déployé, c'est le lieu dans lequel les vagues du sang circulent librement d'une veine à l'autre. L'essence des sens spirituels dans la perspective balthasarienne est l'ouverture et la triple région de l'ouvert : Dieu, l'homme et la nature. C'est ce qui fait dire à Balthasar que *« nos sens sont essentiellement le cœur ouvert de l'homme, ils sont les voies sur lesquelles l'amour et le désir du cœur acquièrent*

---

[105] Hans Urs von BALTHASAR, *La gloire et la croix, t. I, op.cit*, p. 315.

[106] *Ibid*, p. 316.

puissance et richesse, par la rencontre avec les êtres »[107]. Le théologien suisse montre par-là que ce désir attend de recevoir et de concevoir grâce à ce qu'a d'essentiel et de durable l'être, c'est-à-dire Dieu, l'homme et la nature.

Pour comprendre cette assertion de Balthasar, il faut remonter dans la source scripturaire à ce que le « *passage de l'Ecriture appelle le cœur*»[108]. Un cœur, cette créature la plus folle, la moins docile, la plus changeante de toutes. Ce siège de toute fidélité et de toute trahison, cet instrument plus riche que tout un orchestre, plus pauvre que le grésillement de la cigale, dans son mystère inconcevable reflet renversé du mystère inconcevable divin : voilà ce que Dieu, en le tirant de son côté, enleva au monde pendant qu'il dormait ; et il en forma un organe de son amour divin ». Par les sens spirituels, Dieu a élu son domicile dans un cœur humain, et seul le cœur pur peut aller jusqu'à l'amour « *car justement en Dieu l'amour est aussi le cœur de la vérité* »[109].

Comprendre les sens spirituels comme un cœur ouvert revient à dire, le cœur du chrétien, une fois christifié doit être un organe d'amour. C'est en partant des sens spirituels en écho avec un cœur christifié que le chrétien accédera au Cœur aimant de Dieu manifesté dans la figure du Christ, présent dans l'eucharistie, afin de donner aux sens la force spirituelle d'alimenter la vie.

---

[107] *Ibid*, p. 335.

[108] Hans Urs von BALTHASAR, *La gloire et la croix, t. I, op.cit*, p. 312.

[109] Hans Urs von BALTHASAR, *La gloire et la croix, III, Styles de Jean de la croix à Péguy,* Paris, Cerf, 1972, p. 118.

2.3. Eucharistie : habitation du sens du Christ en nous et source de mission

Le sacrement de l'Eucharistie est le *topos kaïrotique* du *Kabod*[110] *« gloire »*, signe efficace et concret, ce sacrement est l'actualisation de la présence aimante et agissante de Dieu auprès de sa créature. Présentée dans la constitution dogmatique sur l'Eglise, *Lumem Gentium* (Lumière des nations) comme « *source et sommet de toute la vie chrétienne* »[111], l'Eucharistie occupe une place de choix dans *Presbyterorum ordinis*[112] et au chapitre II de la Constitution *Sacrosanctum Concilium.*

Toutefois, sans citer tous les documents du Magistère, il convient de rappeler que l'Eglise vit de l'Eucharistie et l'Eucharistie est la vie même de l'Eglise, pas seulement

---

[110] Selon Balthasar, le « *Kabod est un terme qui marque tout l'ensemble significatif, en particulier parce que le mot a son origine (lourdeur, poids, caractère imposant) en un lieu où le 'sensible' et le 'spirituel' se trouvent intimement mêlés* ». Balthasar précise dans les notes de bas de pages que : « *Les auteurs du targum distingueront les deux éléments du* kabod *en les désignant par deux nouveaux mots :* šekina *(de šekan, habiter) signifiera le séjour de la majesté de Dieu, tandis que* yeqara *sera réservé à l'éclat lumineux sensible* ». *Cf.* H. U. v. Balthasar, *La gloire et la croix, t. IV, Théologie, Ancienne Alliance,* Paris, Cerf, 1974, p. 51.

[111]Vatican II, *Les seize documents conciliaires*, *Lumen Gentium* n°11, Paris, Fides, 1967.

[112] Ibid, dans *Presbyterorum ordinis,* il est clairement affirmé que : *« les (autres) sacrements ainsi que tous les ministères ecclésiaux et les tâches apostoliques sont tous liés à l'Eucharistie et ordonnés à elle. Car la sainte Eucharistie contient tout le trésor spirituel de l'Eglise, c'est-à-dire le Christ lui-même, lui notre Pâque, lui, le pain vivant, lui dont la chair, vivifiée par l'Esprit et vivifiante, donne la vie aux hommes, les invitant et les conduisant à offrir, en union avec lui, leur propre vie, leur travail, toute la création. On voit donc alors comment l'Eucharistie est bien la source et le sommet de toute l'Evangélisation »* n° 5.

une expérience quotidienne de foi, mais elle comporte en synthèse le cœur du mystère de l'Eglise. C'est ce que Balthasar a compris et proclamé lorsqu'il affirme : *« l'eucharistie en particulier a pour but d'accoutumer notre être à vivre en Dieu par la descente du Verbe dans les sens, et même en ce qui réside encore au-dessous des sens, la substance »*[113].

Dans la célébration eucharistique, *« Dieu lui-même est "devenu notre aliment, quelque chose de directement accessible à nos organes corporels. Par le "sens du Christ", le "sens de Dieu" est implanté en nous »*[114]. L'Eucharistie dans sa vérité unitive et unifiante, est l'habitation du sens du Christ en nous et première source de l'apostolat chrétien.

L'Eucharistie est le lieu de l'incorporation au Christ et de la mission enracinée dans le Christ. En recevant le Christ sous les espèces du pain et du vin, le Christ reçoit chacun de nous et fait de nous des missionnaires.

2.4. Conditions de l'apostolat chrétien

L'Eglise est une, sainte, catholique et apostolique. Son apostolicité est bâtie sur la foi des apôtres (Ep. 2, 20). Elle exprime cette apostolicité à travers l'enseignement, la sanctification et le gouvernement assumé par le collège des évêques, avec l'assistance des prêtres en union étroite avec le Pape, successeur de Pierre qui définit les dogmes et les enseigne.

---

[113] Hans Urs von BALTHASAR, *La gloire et la croix, t. I, op.cit*, Paris, Aubier, 1965, p. 340. Pour Olivier CLEMENT, « *métamorphoser les sens en 'sens spirituels', c'est percevoir les choses non plus selon la mort, mais selon l'Esprit, comme Dieu les voit dans leur intériorité spirituelle* ». Cf. Olivier CLEMENT, *Le Christ, Terre des hommes*, Paris, Bellefontaine 1976, pp. 135-136.
[114] *Ibid*, p. 340.

Avant d'aller plus loin, il faut d'abord noter que dans l'Eglise, l'apostolat chrétien demeure une mise en pratique des vérités de foi, qui est « *une sorte de canalisation rationaliste de l'amour* »[115]dans laquelle Dieu fait signe aux hommes. Cela demande le courage du chrétien, courage de se remettre dans la main de celui qui peut disposer de lui pour la vie. Toute la joie de l'apostolat chrétien jaillit de ce point : « *que l'homme s'ouvre à la Rédemption et à ses conditions [...] dans la foi, l'espérance et la charité ; mais celles-ci, parce qu'elles ont leur origine dans la croix* »[116]. La certitude et la joie de l'élection pour une mission ou l'apostolat chrétien doivent s'enraciner dans le mystère de la croix, lieu où l'Amour est plus fort que tout, lieu où, par amour, le Christ a rapproché des hommes et leur communique quelque chose de la vie trinitaire. Mais cela exige avant tout, « *la pureté du cœur et la docilité de la foi* »[117].

C'est ici que tout chrétien, avant de s'engager dans la vie apostolique peut se poser la question « *de savoir comment l'homme peut, d'après le modèle du Christ et à sa suite, correspondre totalement à Dieu* »[118] ? La réponse à cette question est la condition de l'apostolat chrétien.

Que retenir de ce chapitre ? Nous sommes partis des cinq sens spirituels considérés comme des moyens pour imiter les sens du Christ et ouvrir le cœur de l'homme à Dieu, grâce au sacrement de l'Eucharistie dans laquelle la

---

[115] Hans Urs von BALTHASAR, *L'amour seul est digne de foi, op.cit*, p. 138.

[116] Hans Urs von BALTHASAR, *Le chrétien et l'Angoisse*, Paris, Desclée, 1954, p. 85.

[117] Hans Urs von BALTHASAR, *La gloire et la croix*, *t. V, Théologie, Nouvelle Alliance, op.cit*, p. 63.

[118] Hans Urs von BALTHASAR, *La gloire et la croix, t. I, op.cit*, p. 186.

croix et la résurrection sont actualisées et invitent à la mission ecclésiale.

Chapitre III. Enjeu de la christologie esthétique pour la beauté de la vie religieuse et chrétienne en Afrique

Ce chapitre est une forte interpellation, un plaidoyer face à un état d'être et de paraître religieux en Afrique. Le religieux qui est en marge des vraies problématiques du monde : la dignité de la personne humaine, la formation civique et éthique de l'homme africain, la responsabilité sotériologique des intellectuels, l'engagement social des religieux dans la société, la question du bien commun, la préservation de l'environnement, pour ne citer que ceux-là.

Ce chapitre, nous l'avons choisi pour sa pertinence christo-sotériologique et son souci d'enraciner la mission du religieux africain dans la figure du Christ ; ce qui fait l'essence du religieux et pour son interpellation dans une Afrique qui, blessée au plus profond d'elle-même, cherche des voies et moyens vivants, efficace pour panser ses plaies et redonner du sens à l'existence. Le monde, l'Afrique souffre de vie en deçà du basique, de la vie comprise et vécue au sens embryonnaire, d'une vie diluée de son sens naturel et religieux. Et cela empêche, paralyse et brise l'envol religieux de l'homme, sa réalisation authentique comme témoin de l'histoire. Il nous faut revenir à Dieu pour découvrir l'essentiel, pour comprendre le sens de la vie donnée, le sens de la vie consacrée pour espérer une Afrique nouvelle à cause de la beauté que portent les religieux. Sans cette vérité originelle la vie gratuitement donnée par Dieu, la vie même du religieux africain devient une vie de mensonge aux conséquences graves et multiples.

Pour le souci méthodologique nous effectuerons cette méditation en cinq étapes. La première étape : La beauté christique en tant que connecteur éternel. Deuxième étape : Le don de soi, expression d'être de la figure esthétique du Christ. Troisième étape : Au-dedans du don de soi du religieux, la figure esthétique du Christ fait signe. Quatrième étape : Le « *Me voici* » du consacré au service de la vie. Cinquième étape : La grâce d'être-religieux pour espérer une Afrique nouvelle. Après ces étapes, un constat sera fait sur le manque d'hommes éthico-spirituels et de conscience civique en tant que frein à la beauté de la vie religieuse en Afrique.

3.1. Enjeu de la beauté christique, connecteur éternel : « "et" le Verbe s'est fait chair » (Jn 1, 14)

« *καί ό λόγος σάρξ έγένετο* » « Et le Verbe s'est fait chair » (Jn 1, 14). La richesse théologique de la beauté christique se trouve à partir de ce petit mot « et/*καί*», cette conjonction de coordination humano-divine au sens de ce qu'il est pour le Dieu trinitaire et pour l'homme. C'est le mot qui fait tout continuer, le mot qui ne laisse rien s'interrompre ; "*et*" le Logos, "*et*" le commencement du monde, "*et*" les prophètes "*et*" le Seigneur, "*et*" la vierge Marie, Mère de Dieu "*et*" les disciples, "*et*" l'Eglise-famille "*et*" la célébration eucharistique "*et*" les sacrements ; tout le cycle éternel en une interminable procession dans laquelle tout procède de tout ; un *« et »* divin qui commence au sein de la Trinité, se transmet à la création, et ne peut s'y interrompre avant d'avoir ramenée celle-ci à Dieu. Le « et/*καί*» lie et relie l'humain au divin.

Le « et/*καί*», le Verbe était auprès de Dieu comme l'expression de l'origine, la forme divine de l'annonce et d'accomplissement. En lui s'exprime l'origine pour autant que dans le Verbe s'exprime tout ce qui n'a pas été dit et prend forme tout ce qui était informe. Dans le Verbe l'origine reçoit une couleur, un son et une humanité non-violente ; en lui Dieu se communique et devient auto-communication humanitaire.

Mais puisque l'origine s'exprime dans le « et/*καί*», Verbe et que c'est Dieu qui le profère, le Verbe est en même temps repris dans l'origine et en Dieu. Car c'est dans la parole que l'origine trouve son expression et par là son accomplissement ; le Verbe s'accomplit aussi bien hors de l'origine que dans l'origine. Saint Jean présente « Jésus, Verbe devenu chair comme le pédagogue et le maître qui conduit au Père ». Une telle affirmation laisse voir dans la figure du Jésus celle du Père, du fait que dans la figure de Jésus-Christ la révélation de Dieu s'achève dans le voilement pour demeurer un perpétuel dévoilement, une manifestation continue.

Le Verbe descend verticalement en vertu de son origine en Dieu le Père, et se déploie horizontalement dans l'univers, parce que la volonté de Jésus fait un avec la volonté du Père, et cette unité est attestée par l'Esprit-Saint. C'est dans la figure kénotique de Jésus-Christ que le déploiement de l'amour insondable de Dieu fait naître la foi et fonde la possibilité de notre perception en tant que chrétien. Cette beauté perçue et reçue comme connecteur éternel invite tout homme et toute femme de bonne foi à être un « et » entre la société et Dieu, en tant que fondement de la théologie de médiation et pastorale de la médiation.

3.2. Le don de soi comme expression d'être de la figure esthétique du Christ

Le « don » perçu et reçu dans la foi, est l'expression du cœur de Dieu en son Fils pour le salut des hommes. Balthasar souligne cette réalité ces termes : *« Déjà l'acte générateur du Père est un acte de don de soi au Fils, auquel le Fils répond par son propre don de soi. Et le don, comme l'acceptation, contient l'un et l'autre gratitude* »[119]. Cela est vrai au sens où le don du Père n'est pas seulement don de quelque chose, mais don de tout ce qu'il a. Autrement dit : « *Dieu donne tout ce qu'il est* »[120]. Et ce don passe par la médiation de la Personne du Fils engendré.

Dans cet élan de donation, le Père sort de soi pour poser son Verbe vivant et en cela il donne au Fils toute sa richesse, toute la plénitude de la vie divine. Dieu est lui-même un amour qui s'abandonne éternellement ; il est unité absolue de richesse et de pauvreté...de vie et de mort. Et c'est seulement dans cet abandon, là où disparaît le donateur pour que l'autre apparaisse en sa propre consistance, c'est là qu'existe l'amour absolu qui garantit l'unité de l'essence. C'est dans l'expression d'être de Dieu comme don, que le don de la vie éternelle vient par le Fils envoyé dans le monde et par le don personnel qu'il fait de lui-même. C'est en cela qu'on peut dire que le don est l'expression d'être de Dieu.

Si le dessein de Dieu sur le monde est de récapituler le ciel et la terre dans la plénitude en Jésus Christ, afin que « nous soyons saints et immaculés en sa présence dans l'amour (Ep 1, 4. 10), cette insertion est par conséquent le mode trinitairement le plus intime de l'union avec Dieu du religieux. En rigueur de terme, le mouvement circulaire du consacré sortant de Dieu par amour et gratuité pour retourner à Dieu, n'est possible que parce qu'il s'inscrit dans la trajectoire du Verbe incarné. C'est dans ce don de soi à Dieu dans la trajectoire du Verbe que le religieux

---

[119] Hans Urs von Balthasar, *La Dramatique divine. IV. Le dénouement. op.cit*, p. 74.
[120] *Ibid*, p. 72.

reçoit son sens d'être et sa mission dans le monde comme religieux-consacré. C'est dans cette trajectoire du Christ qu'on peut parler de la grâce d'être-religieux en Afrique.

Le religieux-consacré est non seulement jeté dans l'Afrique pour saturer platement cette terre africaine, ou du moins pour occuper passivement un espace dans le monde. Il est en mission dans le monde, et dans cette mission, son être-en-mission dépasse la notion « d'être jeté dans le monde » pour être passivement au monde. Le religieux-consacré à un but pour lequel il est « *jeté au monde* »[121]. Ce but, est le fait d'être-envoyé, ce qui signifie pour le religieux que son acte du don de soi est une réponse à l'acte de celui qui envoie. Le don de soi à Dieu comme trajectoire d'être et du paraître religieux se veut, un don de soi actif et authentique, engageant la totalité de la personne qui se donne à Dieu par le désir de connaître Dieu et de manifester activement la volonté de Dieu dans le monde. C'est ici que l'on saisit la déclaration de l'apôtre Pierre (1 Pierre 2, 9) lorsqu'il nous dit : « *Vous êtes une race élue, un sacerdoce royal, une nation sainte (...) le Peuple de Dieu* », c'est-à-dire, appelés par Dieu lui-même pour manifester ses œuvres merveilleuses. Ainsi nous aboutissons à la deuxième étape de notre méditation : Au-dedans du don-de-soi-religieux, quelqu'un nous fait signe.

[121] Le mot allemand se comprend, à partir de la racine *werfen*, jeter. Littéralement on aurait dû dire au sens heideggérienne : le jet (en mission) jette, au-delà de tout être-jeté, bien plus loin que le terme de tous les « jetés » (au monde).

3.2. Au-dedans du don-de-soi-religieux la figure esthétique du Christ fait signe

Le don-de-soi-religieux est un signe. Et ce signe matériel du don-de-soi-religieux renvoie à une réalité dans laquelle le sujet est la signification du signe existentiel. Ce signe constitue pour son entourage un langage, une expression symbolique de celui qui fait signe. Le don-de-soi-religieux apparaît dans ce contexte comme un langage à travers lequel quelqu'un fait signe, s'exprime, révèle l'essentiel pensée de sa pensée et ses intentions premières. En sa signification chrétienne, le don-de-soi-religieux n'appartient pas au sujet qui, matériellement se donne; le sujet appartient à quelqu'un d'autre, à la communion du Père, du Fils et du Saint-Esprit.

Au-dedans du don-de-soi-religieux quelqu'un nous fait signe, parce qu'il s'agit non seulement d'un acte de présence-absence, d'apparaître en public et de disparaître dans la masse, mais, c'est le lieu par lequel et dans lequel Dieu en son Fils par l'Esprit-Saint se dévoile et s'adresse au monde à travers l'être et le paraître du religieux. Quelqu'un nous fait signe dans l'acte du don-de-soi-religieux pour maintenir la permanence du don-de-soi-religieux et sa dynamique existentielle. Pour rester vivant dans le don-de-soi-religieux, l'appel de Dieu exprimé par « quelqu'un nous fait signe » ne connaît comme temps que l'éternité du don de soi, comme espace que l'infini renouvellement de ce don-de-soi-religieux. Le consacré en présence de l'éternité du don de soi et de l'infini renouvèlement du don-de-soi-religieux ne peut s'installer en aucun lieu délimité et établi une fois pour toutes.

Dès qu'il a entendu qu'il est appelé, il doit persévérer scrupuleusement dans l'attitude de celui qui est appelé. Son éducation est prise en main par Dieu lui-même, aucun moment n'est fixé d'avance pour sa mise à l'épreuve. Il devra en tout cas se transformer, répondre autrement, c'est pourquoi sa disponibilité ne peut nullement être programmée d'une manière mathématique. Et ainsi, nous aboutissons au troisième élément de notre méditation : Le « Me voici !» du consacré.

3.3. Le « Me voici !» du consacré au service de la vie

L'enjeu de notre thème consistera à cerner et à discerner le pourquoi et le sens du religieux en Afrique, ce qui détermine le religieux en Afrique aujourd'hui ? Est-il juste encore de parler du « don-de-soi » quand le dire et faire des religieux ne sont pas en adéquation ? N'est-ce pas là un jeu de mots exprimé publiquement devant les ami(e)s de tous les jours par les termes : « *Me voici !* » et « *Jusqu'à la mort* ?» Et qu'en est-il après la prononciation de « *Me voici !* » et de « *Jusqu'à la mort* ?» Sommes-nous sûrs et conscients de cerner la profondeur christologique de « *Me voici !* » et « *Jusqu'à la mort* ? ». Tout se noue et se dénoue à ce niveau.

Si le Christ, « *point central vivant de la Sophia divine se multipliant en direction du monde, s'il est finalement le lieu où cette Sophia non seulement plane au-dessus du monde crée, mais le touche et le pénètre (...)Mais en agissant ainsi, le Christ ne centre pas tout sur lui, il ne se comprend lui-même que comme l'envoyé du Père céleste qu'il sert en lui obéissant humainement de la manière la plus profonde* »[122]. Et dans le même acte par lequel le Fils en tant qu'obéissant révèle cet évènement intradivin, il dévoile aussi l'attitude juste de l'homme devant Dieu, ou

[122] Hans Urs von Balthasar, *La Dramatique divine II. Les personnes du drame. 2. Les personnes dans le Christ*, Paris, Editions Lethielleux, 1978, p. 17.

plutôt, en Dieu : le service jusqu'à l'oubli de soi, pour faire fructifier les « talents » de Dieu dans le monde.

Le consacré perçu comme un « Me voici !» en Afrique est à cerner au sens où le religieux doit sortir de lui-même pour manifester en tant qu'existant son : « Me voici !» Alors se déploie tout le sens chrétien de s'associer à la faiblesse et à la finitude essentielles d'autrui. S'associer à la faiblesse et à la finitude d'autrui signifie l'effort pour rendre la vie de l'autre meilleure, pour la vie en Afrique. La responsabilité du religieux repose sur le souci de l'autre. Et cela est vrai dans la culture africaine lorsque « le père de la famille agit à la place de ses enfants en travaillant, s'inquiétant, luttant et souffrant sous le soleil de midi pour eux, et en les défendant. Il prend ainsi réellement leur place ». Voilà un exemple africain de « Me voici ! ».

Sur cette voie, le « Me voici ! » du consacré en Afrique doit avoir ses racines en : « *Jésus-Christ par toute sa présence, par tout ce qu'il montre de lui-même, par ses paroles, par ses œuvres, par ses signes, par ses miracles, mais aussi par sa mort et sa glorieuse résurrection* »[123]. Ainsi nous aboutissons au quatrième élément de notre méditation : La grâce d'être-religieux pour espérer une Afrique nouvelle.

3.4. La grâce d'être-religieux pour espérer une Afrique nouvelle

La grâce d'être-religieux en Afrique est simplement la reconnaissance de notre origine, de notre véritable identité divine, saisie dans la lumière de la révélation et réalisée pleinement par Dieu en son Fils Jésus Christ pour

---

[123] Constitution dogmatique *Dei Verbum* (1965), dans : *Vatican II. Les seize documents conciliaires*, Montréal-Paris, 1967, p. 103.

s'engager sur le chemin de l'instauration du royaume de Dieu en Afrique. Et comprendre la consécration religieuse comme action de grâce et manifestation de la grâce de Dieu, de la bonté de l'amour de Dieu en Afrique. Mais si nous voulons instaurer le royaume du Christ dans les cœurs, dans les familles, dans ce pays africain que nous aimons, il faut marcher courageusement sur les traces de Jésus-Christ, vivre, agir, souffrir au nom de sa foi.

Quel est l'africain qui, aujourd'hui, ne cherche pas à dominer son voisin et à l'écraser ? N'est-ce pas la réalité que vit l'Afrique en ce moment précis de son histoire ? Après la série des troubles colorés par la haine et par le sang de nos proches, après les sombres années difficiles que l'Afrique a connues et connaît encore, le religieux, au nom de sa foi baptismale, doit s'engager dans l'histoire de l'Afrique, pour la retourner positivement et la reconstruire. Nous sommes conscients qu'il manque dans nos pays africains des religieux et des religieuses charismatiques c'est-à-dire, qui sont des dons vivants, des grâces et des chances, espérances de Dieu pour l'Afrique.

Ce manque nous interpelle et doit interpeler toutes les communautés chrétiennes, tous les aspirants, les novices, les étudiants, les religieux en ministères et surtout les décideurs. Il suffit de voir autour de nous, malgré la prolifération des sessions de formation, sessions permanentes ou spatiales, malgré les efforts des experts en la matière, la crise s'accentue d'une manière vertigineuse. Finalement, dans certains pays africains le religieux est le plus ridicule. Dommage ! Faut-il suivre la logique du nombre ou celle de la qualité dans le recrutement et dans la formation ?

La grâce d'être-religieux en Afrique dans ce contexte devrait être le signe vivant qui non seulement attire l'attention, les yeux sur soi. La grâce d'être-religieux pour espérer une Afrique nouvelle, c'est être le signe christologique qui indique en permanence la voie des vraies valeurs humaines, celles qui relèvent la personne, les pauvres, les veuves, pour l'épanouissement positif de l'homme et de tout homme. Etre-religieux en Afrique, c'est être capable de mettre l'amour, là où est la haine, le pardon, là où est la discorde.

Pour finir, nous pouvons dire que « La grâce d'être-religieux en Afrique » est le lieu où chacun peut renouveler son âme, et c'est à chacun de bâtir la cité de Dieu dans sa totalité avec les multiples fragments que sont les hommes. Le théologien du beau dit clairement que : *« pour ceux qui ont été une fois éclairés, qui ont goûté le don céleste, qui ont eu part au Saint-Esprit, qui ont goûté la douceur de la parole de Dieu et les merveilles du monde à venir, et qui pourtant sont tombés [...], eux qui pour leur part crucifient de nouveau le Fils de Dieu et le livrent à l'ignominie »*[124]. Il ajoute que, *« lorsqu'une terre, abreuvée par la pluie qui tombe souvent sur elle, produit une herbe utile à ceux pour qui on la cultive, elle a part à la bénédiction de Dieu : mais, si elle ne produit que des épines et des chardons, elle est jugée de mauvaise qualité, tout près d'être maudite, et l'on finit par y mettre le feu »*[125]. En somme, une vie religieuse en Afrique est comparable à une montre dans laquelle « l'aiguille a disparu du cadran » !

3.5. Les Causes de laideurs : Manque d'hommes éthico-spirituels et de conscience civique

Avec les multiples crises qui sont en fait le résultat de la non compréhension de la figure esthétique du Christ par

---

[124] Hans Urs von BALTHASAR, *Le cœur du monde*, Belgique, Desclée de Brouwer, 1957, p. 158.
[125] *Ibid*, p. 158.

les chrétiens qui entrent dans la barbarie, une étape est passée et avec la figure esthétique du Christ, commence une nouvelle où il ne faut pas se permettre de commettre les mêmes erreurs. C'est pourquoi l'Afrique a besoin d'hommes éthico-spirituels, c'est-à-dire des hommes mûrs, responsables, sages qui ont des dispositions éthico-spirituelles.

Si les problèmes de l'Eglise africaine ne sont pas des problèmes économiques, politiques et religieux, alors ils sont des problèmes d'hommes et de mentalités. Il ne s'agit pas de dénoncer et d'indexer les autres, mais surtout de se remettre soi-même en cause et surtout, de susciter des élans pour une prise de conscience ecclésiale, afin de mériter la confiance de Dieu et devenir l'espérance de l'Eglise et du peuple. Il faut des hommes éthiques et spirituels qui sont comme des rayons du Christ avec une conscience civique plus prononcée.

Si dès les premières heures de l'indépendance, les pays africains étaient plus préoccupées par l'essor économique, il ne fait aucun doute qu'ils ont formé surtout des hommes-économiques, des hommes-dépenseurs, des hommes-alimentaires et consommateurs. « *Ils ont un véritable calendrier alimentaire : le lundi chez le cousin Jacques, le mardi chez la tante Jeanne, le mercredi chez le beau-frère Pierre, etc. Il suffit d'arriver à l'heure du repas. Ils n'ont pas besoin de s'en faire puisqu'ils ne seront jamais chassés* »[126]. L'Afrique a vraiment besoin des religieux et des religieuses éthico-spirituels, qui non seulement mangent tout et cherchent à manger même les réserves, mais des hommes et des femmes qui sont capables de poser la question de savoir comment faire pour que chacun trouve honnêtement à manger.

[126]Jean-Paul NGOUPANDE, *Les racines historiques et culturelles de la crise africaine*, Abidjan, Editions UCAO, 2006, p. 60.

Il faut des religieux qui, au-delà du calcul, des stratégies nombrilistes et nationalistes soient en mesure d'être une chance pour les autres comme Christ ? Il faut qu'ils soient des citoyens responsables, des bâtisseurs, des refondateurs et des modèles avec un sens civique comme Christ en son temps.

Nous avons l'impression qu'il manque encore dans les Eglises d'Afrique, des religieux et des religieuses véritablement habités par l'amour désintéressé pour la promotion de la beauté de leur Eglise et celle de la vie de leurs frères et de leurs sœurs en humanité. Il manque encore des religieux et des laïcs charismatiques, qui ont pour souci, la crédibilité de l'Eglise famille de Dieu en Afrique. Et pour cela, il faut non seulement aimer l'Eglise, mais il faut aussi avoir des ambitions pour promouvoir la beauté de la foi et la beauté de la vie spirituelle à partir de la figure esthétique du Christ dans ce peuple. Le temps de la maturité spirituelle est certainement venu où chaque religieux/chrétien doit assumer l'histoire de son Eglise avec une haute conscience et être avec le Christ, des fondateurs convaincus d'une nouvelle génération consciente. C'est aussi le rôle des laïcs. Dès lors, on peut se demander comment espérer une vie religieuse capable de refléter la figure esthétique du Christ.

Espérer est une caractéristique propre aux êtres humains, c'est une particularité de la vie chrétienne. En d'autres termes, être-chrétien, c'est vivre pleinement dans le présent en espérant le pas encore. La vraie espérance ne consiste pas à penser que tous les problèmes du présent trouveront des solutions demain, que toute chose finira bien par s'arranger. Ainsi, l'espérance chrétienne va au-delà de cette conception horizontale du monde. L'espérance chrétienne qui est une des trois vertus théologales, prend en compte le « déjà-là » pour se tourner vers l'avenir. Cette espérance invite à se convaincre que le mal, la souffrance, la calamité, l'injustice, la famine et la pauvreté n'auront jamais le dernier mot. C'est la raison pour laquelle l'espérance chrétienne a son origine et sa source en Dieu auto-manifesté dans la figure du Christ. L'espérance chrétienne est fondée « *sur Dieu et sur sa parole, nous espérons la venue de son royaume et de tous les biens de son royaume* »[127]. Toute l'histoire du salut consiste à vivre dans cette espérance qui est la figure du Christ. L'Eglise continue cette œuvre d'espérance à travers l'annonce du règne de Dieu en termes de bonheur, de paix, de justice, de liberté et d'amour.

La figure du Christ comme espérance du peuple africain, est cette figure venant de Dieu pour transfigurer les hommes et les femmes de foi et les inviter à entrer dans une vie d'espérance eschatologique avec Dieu. Espérance eschatologique dans la mesure où la vie des hommes de foi est considérée comme un pèlerinage vers la maison de Dieu le Père avec le Christ et dans l'unité du Saint-Esprit. C'est dire que la finalité de tous les efforts chrétiens africains doit avoir pour but la vie éternelle avec Dieu.

Mais deux dangers sont à éviter : le spiritualisme passif d'une part et la mondanité plate d'autre part. Le spiritualisme passif revient à entretenir une relation négative de l'histoire, et à démissionner du monde en se dérobant des activités humaines. C'est une manière anti-chrétienne de refuser de s'engager activement dans le monde. La mondanité quant à elle prône la logique du « *paradis temporel ou du compromis historique qui réduit l'action des chrétiens à un militantisme politique* »[128]. Il

[127] Jean RICHARD, *L'espérance à l'époque de la mort de Dieu*, in le point théologique, Paris, Beauchesne, 1972, p. 73 ; Cf. BENOIT XVI, *Spe Salvi*, AAS 99 (2007) ; *Documentation Catholique* n° 2393 (2008).

[128] Justo-Luis de ALVA et Jorge MOLINERO, *L'au-delà, initiation à l'eschatologie*, Paris, le Laurier, 2002, p. 80.

faut noter que ces deux tendances rament à contre-courant de l'incarnation de Dieu dans l'histoire qui repose sur la dialectique du « *déjà là* » et du « *pas encore* ».

Nous retenons par-là que l'espérance eschatologique montre la situation de l'homme qui ne peut demeurer dans le doute ou vivre sans espoir. C'est pourquoi même lorsque le chrétien africain *« ne croit en rien, qu'il ne fait confiance à personne, qu'il traverse une situation pénible ou grave, il attend toujours quelque chose, soit dans la perspective d'une amélioration, soit dans celle de solutions plus ou moins définitives »*[129]. L'espérance permet de « *répondre à un besoin spécifique des hommes et des femmes de notre temps* »[130] par l'engagement concret. Si donc la rédemption est offerte par la figure du Christ, l'espérance est donnée pour affronter le présent avec sa réalité, en sachant que tous sont appelés à devenir *sel et lumière* de l'Afrique. *Africae munus* (n° 6) nous y encourage.

La troisième partie de cette analyse se veut, une interpellation, un retour décisif à la figure esthétique du Christ pour faire de l'Eglise de Dieu en Afrique un ferment de l'espérance. Elle nous a permis de nous rendre compte réellement de la pertinence de la figure du esthétique Christ dans la théologie spirituelle de Balthasar. Le premier chapitre a pour objectif de comprendre l'expérience du Logos et les expériences archétypes de la figure du Christ, c'est-à-dire l'ensemble des expériences spirituelles de Dieu, depuis l'expérience du Logos de Dieu jusqu'à celles de Marie, des douze apôtres et l'expérience de Paul.

---

[129] Justo-Luis de ALVA et Jorge MOLINERO, *op.cit*, p. 90.

[130] Abbé Jean-Maurice GOA IBO, *La spiritualité incarnée Vivre une foi réaliste*, Abidjan, X.T.C. Services, 2008, p. 9.

Le deuxième chapitre développé en quatre points s'est proposé de rappeler les sens spirituels et les conditions de l'apostolat chrétien. Le point de vue historique nous a permis d'aborder la doctrine des cinq sens spirituels avec Origène, au Moyen Age, puis avec Ignace de Loyola comme des moyens pour imiter les sens du Christ et ouvrir le cœur de l'homme à Dieu, grâce au sacrement de l'Eucharistie dans laquelle la croix et la résurrection sont actualisées et invitent tous les hommes et toutes les femmes de foi à la mission.

Le troisième chapitre intitulé : Repartir de la figure du Christ pour faire de l'Eglise de Dieu en Afrique un ferment de vie et d'espérance, a plaidé pour un « *retour au centre, à l'unité, de redéploiement vers la simplicité originelle, qui est à la fois celle des petits dont parle l'Evangile [...] L'accent est mis sur la sainteté de l'Eglise, le service d'amour* »[131]. C'est ce qui nous a permis de situer d'abord et de retracer les faits sombres de l'Eglise africaine, ensuite, comme éléments de solution à cette crise, nous avons proposé la formation des hommes éthico-spirituels dans un esprit civique, tout en mettant un accent particulier sur l'engagement des laïcs chrétiens. Enfin, nous sommes convaincus qu'il fallait repartir de la figure du Christ pour espérer une Eglise famille de Dieu en Afrique.

[131] Jean-Marie FAUX, *Le Christ à venir, dans L'Avenir*. Semaine des intellectuels catholiques, p. 1022.

Conclusion

Notre thème « Une christologie esthétique : Enjeu des intuitions de Hans Urs von Balthasar dans *La Gloire et la Croix* » se veut une trajectoire de l'expérience spirituelle de la figure du Christ. Il est structuré en trois parties.

Nous avons esquissé dans la première partie de notre analyse un déblayage conceptuel de la figure aux modes d'expression de figure de la foi. Ce déblayage conceptuel avait pour objectif de frayer une voie d'approche vers l'objet de notre requête. Ce qui préoccupe Balthasar et que nous avons exposé dans cette partie de notre recherche est avant tout la perception et la réception de la « *figure/Gestalt* » par les hommes de foi. C'est pourquoi, le déblayage conceptuel et la compréhension de la figure nous laissent voir et saisir ce que Balthasar appelle figure, le monde de la figure et les lieux du déploiement de la figure en symbiose avec les éléments religieux de la figure de la foi qui viennent rendre témoignage de leur contact avec la figure du Christ.

Ainsi, la deuxième partie de notre analyse nous a permis de faire un inventaire de la centralité du Christ dans la figure objective de la révélation et sa médiation comme figure. Notre appréciation a porté sur trois points. D'abord le déploiement de la figure de révélation et le mystère de la figure dans sa connotation trinitaire. Ensuite la centralité de la figure du Christ dans la révélation, la crédibilité de cette centralité et l'harmonie entre identité-existence-mission de la figure du Christ, en insistant sur la substance et l'unicité de la figure du Christ. Enfin, la présentation synthétique de quelques figures de médiation, particulièrement la figure scripturaire, l'Eglise perçue comme figure-transparente de la figure du Christ, la figure eucharistique et la figure de Marie.

La troisième partie est fondamentalement une interpellation, un retour libre et décisif dans la figure du Christ pour faire de l'Eglise centrafricaine un ferment d'espérance pour le peuple et pour le monde. L'expérience du Logos et les expériences-modèles que Balthasar qualifie d'expériences archétypes de la figure du Christ, constituent des trésors spirituels d'inspiration et de praxis réelles. Les sens spirituels doivent être des moyens efficaces pour laisser le Christ christifier nos sens humains, afin d'ouvrir et de rendre disponibles les cœurs à Dieu, présent dans la célébration eucharistique, source et force de la mission. Il faut repartir de la figure du Christ pour faire de l'Eglise-famille de Dieu en Afrique un ferment de vie et d'espérance du peuple *« comme le célébrant prend la patène»*[132]et la présente à Dieu en actions de grâces.

Dans un monde sans beauté – même si les hommes ne peuvent se lasser de ce mot et l'ont sans cesse à la bouche en le prostituant -, dans un monde qui n'est peut-être pas dépourvu de beauté, mais n'est plus capable de la voir, de compter avec elle, le bien a aussi perdu sa force d'attraction, l'évidence qu'il doit être accompli. Dès lors, « *l'homme en face de lui se demande pourquoi il faut le faire plutôt que son contraire, le mal [...]. Dans un monde qui ne se croit plus cabale d'affirmer le Beau, les preuves de la vérité ont perdu leur caractère concluant* »[133].

---

[132] Hans Urs von BALTHASAR, *Le Cœur du monde*, Belgique, Desclée de Brouwer, 1957, p. 88.

[133] Hans Urs von BALTHASAR, *La Gloire et la Croix*, t.1, p. 17. Toute la trilogie de Balthasar – *La Gloire et la Croix*, *La Logique* et *La Dramatique divine* approfondit la compréhension du mystère divin selon la perspective du Beau et de sa pleine expression dans le Verbe incarné ainsi que dans l'Eglise, agissant au cœur de l'Histoire par la médiation des chrétiens et des religieux.

En résumé, cette analyse invite les chrétiens africains à revêtir la figure du Christ, pour devenir des figures d'espérance pour la nation. C'est ce que propose Balthasar lorsqu'il affirme que « *cette figure du chrétien, qui est en même temps pure grâce du Père, qualité de membre du corps mystique du Christ, finalement lui-même, l'homme, dans toute sa réalité concrète, mais à l'intérieur de la rédemption* »[134]. Ainsi, être chrétien, c'est marcher sur les traces de Jésus-Christ, vivre, agir, souffrir au nom de sa foi. C'est être la figure du Christ pour donner l'espoir au peuple africain et transformer cet espoir en possibilité de chance et bonheur pour tous.

Sans cette saisie fondamentale de l'expérience de la figure du Christ comme don gratuit de Dieu, la vie chrétienne perd sa substance et sa maturation. C'est Dieu et Dieu seul qui, en tant que Créateur de la vie et Créateur de son sens, dans la communion avec le Fils Jésus-Christ et l'Esprit Saint, peut donner la signification, le pourquoi et le motif de la vie, de ce qui vit et respire dans le temps et dans l'espace. Ainsi, la vie chrétienne reçue comme don de la figure du Christ devient une grâce, une espérance d'être, de paraître pleinement chrétien afin d'humaniser chrétiennement notre monde, notre continent, pour qu'il soit fier, sanctifié et béni dans la *circumincession* du Père, du Fils et du Saint- Esprit !

---

[134] Hans Urs von BALTHASAR, *La prière contemplative*, Paris, Fayard, 1972, p. 49.

Bibliographie

1.Sources

1.1. Sources bibliques

La Bible, TOB Intrégrale, Paris, Cerf, 2004.
La Bible de Jérusalem, Paris, Cerf, 2001.

1.2. Sources Magistérielles

Vatican II, *Les seize documents conciliaires*, Paris, Fides, 1967.
Exhortation apostolique post-synodale de Benoît XVI, *Africae Munus*, Abidjan, Paulines, 2011.

2. Les œuvres de Balthasar étudiées

2.1. Ouvrage spécifique étudié

BALTHASAR Hans Urs von, *La gloire et la croix, t. I,* Paris, Aubier, 1965.

2.2. Les ouvrages de Balthasar consultés

BALTHASAR Hans Urs von, *Adrienne Von Speyr et sa mission théologique*, Paris, Editions Paulines, 1976.
BALTHASAR Hans Urs von, *L'amour seul est digne de foi,* Paris, Aubier, 1966.
BALTHASAR Hans Urs von, *La Dramatique divine t. II/2. Les personnes du drame. 2. Les personnes dans le Christ*, Paris, Editions Lethielleux, 1978.
BALTHASAR Hans Urs von, *La Dramatique divine. t. IV. Le dénouement.*, Culture et vérité, Namur, 1993.
BALTHASAR Hans Urs von, *La gloire et la croix, t. II, Styles d'Irénée à Dante,* Paris, Cerf, 1993.

BALTHASAR Hans Urs von, *La gloire et la croix, t. III, Styles de Jean de la croix à Péguy,* Paris, Cerf, 1972.
BALTHASAR Hans Urs von, *La gloire et la croix, t. IV, Théologie, Ancienne Alliance,* Paris, Cerf, 1974.
BALTHASAR Hans Urs von, *La gloire et la croix, t. V, Théologie, Nouvelle Alliance,* Paris, Cerf, 1990.
BALTHASAR Hans Urs von, *La prière contemplative*, Paris, Fayard, 1972.
BALTHASAR Hans Urs von, *Laïcat et plein apostolat*, Paris, La pensée catholique, 1950.
BALTHASAR Hans Urs von, *Le chrétien et l'Angoisse*, Paris, Desclée, 1954.
BALTHASAR Hans Urs von, *Le cœur du monde, Présence chrétienne*, Namur, Desclée, 1957.
BALTHASAR Hans Urs von, *Qui est chrétien ?*, Paris, Salvator – Mulhouse, 1967.
Hans Urs von Balthasar, *À propos de mon œuvre. Traversée,* Bruxelles, Lessius, 2002.

3. Autres ouvrages consultés

BENARD Charles, *Hegel Esthétique, t. I,* Paris, P.U.F. 1995.
CLEMENT Olivier, *Le Christ, Terre des hommes*, Paris, Bellefontaine 1976.
FRANCK Didier, *Heidegger et le problème de l'espace*, Paris, Les Éditions de minuit, 1986.
GOA IBO Jean-Maurice, *La spiritualité incarnée Vivre une foi réaliste*, Abidjan, X.T.C. Services, 2008.
HOLZER Vincent, *Le Dieu Trinité dans l'histoire. Le différend théologique Balthasar-Rahner*, Paris, Cerf, 1995.
JUNG Carl-Gustav et KERENYI Charles, *Introduction à l'essence de la mythologie*, Paris, Payot, 1974.

JUSTO-LUIS de Alva et MOLINERO Jorge, *L'au-delà, initiation à l'eschatologie*, Paris, le Laurier, 2002.
NGOUPANDE Jean Paul, *Les racines historiques et culturelles de la crise africaine*, Abidjan, Editions UCAO, 2006.
PEELMAN Achiel, *Le salut comme drame trinitaire, la theodramatik de Hans Urs von Balthasar,* Paris, Médiaspaul, 2002.
RICHARD Jean, *L'espérance à l'époque de la mort de Dieu*, Collection Le point théologique, Paris, Beauchesne, 1972.
YOMBANDJE François-Xavier, *Propositions pour sortir de la crise centrafricaine*, Abidjan, L'Harmattan, 2011.

4. Dictionnaires

Dictionnaire de spiritualité, ascétique et mystique doctrine et historique, t. XIV, Paris, Beauchesne, 1990.
EICHER Peter, *Dictionnaire de théologie*, Paris, Cerf, 1988.

5. Revues et articles

FAUX Jean-Marie, « *Un théologien : Hans Urs von Balthasar* », in Nouvelle Revue Théologique, Paris, Maison Casterman, N° 10, Décembre 1972.
FAUX Jean-Marie, *Le Christ à venir, dans L'Avenir.* Semaine des intellectuels catholiques, 1963.
BALTHASAR Hans Urs von, « *Le principe* » in *Communio* n° 1, Paris, Revue catholique internationale, 1975.
WHANNOU de DRAVO Charles Alexandre, « *Essai sur le sacerdoce à l'école française de spiritualité* » in *Vie religieuse et sacerdoce*, Cotonou, Pentecôte d'Afrique n° 54, 2011.

6. Lettre officielle et Cours

DIAS Ivan Cardinal, Lettre aux prêtres de la République Centrafricaine, Rome, le 19 avril 2009.

OGUI COSSI Gaston, Cours de théologie sur la Trinité, année académique 2011-2012. UCAO-UUA.

Table des matières

Religion

aux éditions L'Harmattan

Dernières parutions

ENFANCE EN CASAMANCE, MISSIONS EN GUYANE ET DANS LE VEXIN
Le cheminement d'une vocation
Tendeng Prosper Plongo
Préface de Mgr Emmanuel Lafont, Évêque de Cayenne
L'auteur nous dévoile son itinéraire depuis son enfance et nous raconte, avec des mots simples, sa vocation, son ordination et les différentes missions qui l'ont conduit de la Casamance à la France en passant par la Guyane. Il aborde les élans chaleureux des Églises d'Afrique et de Guyane, ainsi que ceux un peu plus frais venant de France. Il fait part au lecteur, avec humour, de ses réflexions à propos des diverses situations auxquelles il a été confronté, et livre aussi ses remarques sévères à propos de l'accueil réservé parfois aux « prêtres venant d'ailleurs ».
(19.00 euros, 180 p.)
ISBN : 978-2-343-11927-4, ISBN EBOOK : 978-2-14-003489-3

JE SUIS MUSULMAN : À QUOI SERT MA RAISON ?
Diallo Amadou Hamidou
La religion musulmane serait - elle en crise ? Nous assistons à un double procès de diabolisation. L'Occident, qui présente l'islam sous sa forme guerrière, fanatique, djihadiste, terroriste, fondamentaliste, intégriste ou salafiste, n'en développe pas moins une conception aussi erronée que celle des islamistes. L'Islam est entre les mains de fanatiques qui prennent en otage le message rationnel dont il est porteur. Libérer aujourd'hui l'islam, c'est demander de laisser s'exprimer la raison sans craindre qu'elle ne remette en question les principes de la croyance.
(17.50 euros, 168 p.)
ISBN : 978-2-343-11619-8, ISBN EBOOK : 978-2-14-003387-2

LA CONFIGURATION DU PRÊTRE AU CHRIST, BON PASTEUR
L'exemple du curé d'Ars
Sanou Jean-Baptiste
Les saints et les personnes de grande stature morale sont en général les meilleurs témoins de leur temps et de la culture qui les a façonnés, en même temps qu'ils incarnent des valeurs universelles, dont le rayonnement transcende le temps et l'espace. Saint Jean-Marie Vianney, qui fut curé pendant 40 ans d'Ars, en France,

fait partie de cette catégorie de personnes. Ce livre montre en quoi sa vie et son ministère peuvent être aujourd'hui une source d'inspiration pour tous.
(Coll. Afrique théologique & spirituelle, 18.00 euros, 168 p.)
ISBN : 978-2-343-11751-5, ISBN EBOOK : 978-2-14-003429-9

CHRONIQUES TALMUDIQUES AU FÉMININ
Elkouby Janine - Préface de Victor Malka
Le monde du Talmud, ce monument de la littérature juive, est, à une écrasante majorité, un monde d'hommes, celui des rabbins et des sages. Dans cet ouvrage, l'auteur choisit d'engager le dialogue avec des femmes issues d'un lointain passé. À partir des textes talmudiques, qu'elle traduit au début de chaque chapitre, elle tente de reconstituer le monde de ces femmes, les idées et les mœurs qui avaient cours à leur époque.
(Coll. Religions et Spiritualité, série Judaïsme, 18.00 euros, 170 p.)
ISBN : 978-2-343-11990-8, ISBN EBOOK : 978-2-14-003546-3

PROTESTANTISM, KNOWLEDGE AND THE WORLD OF SCIENCE
Anglais / Allemand
Edited by György Kurucz
This volume contains a collection of papers aimed at revealing and investigating the various aspects of Protestantism throughout the centuries. Although several generations of theologians, historians, linguists, or even literary historians have sought to elucidate the complexity of Protestant ethos and its influence on social, spiritual, intelectual and economic processes in Europe.
(Des articles en anglais et en allemand)
(Harmattan Hongrie, 15.00 euros, 264 p.)
ISBN : 978-2-343-11864-2, ISBN EBOOK : 978-2-14-003579-1

UNE BRÈVE HISTOIRE DE DIEU
Essai
Tabet Ibrahim
Cet ouvrage a pour thème l'invention et l'évolution de l'idée de Dieu. Une brève histoire qui a commencé à s'écrire il y a seulement dix millénaires. Il décrit le passage de l'humanité de l'animisme au polythéisme puis, pour les « religions du Livre », au monothéisme et la différence entre leur Dieu personnel et le concept d'Absolu impersonnel élaboré par l'hindouisme. Ainsi, l'auteur aborde ici aussi bien la philosophie grecque, le zoroastrisme, le bouddhisme, que les sagesses chinoises ou l'islam, toujours dans le but de comprendre le rapport de l'Homme à l'idée de Dieu.
(37.00 euros, 360 p.)
ISBN : 978-2-343-10779-0, ISBN EBOOK : 978-2-14-003263-9

LES PRÊTRES AFRICAINS CITOYENS EUROPÉENS
L'Église catholique d'Europe à l'heure du multiculturalisme sacerdotal
Questions
Nkulu Kabamba Olivier
Naturalisés belges, français, allemands, italiens, britanniques, suisses, portugais, espagnols, autrichiens... certains prêtres africains *fidei donum* ont acquis la

nationalité des pays européens dans lesquels ils exercent, et sont donc devenus des citoyens européens. Dès lors, au sujet de ceux-ci, doit-on continuer à parler de «prêtres étrangers» ou de «prêtres immigrés» ? Peut-on désormais les appeler «prêtres européens d'origine africaine» sans soulever d'objections ? Ce livre pose des questions pertinentes à propos du multiculturalisme sacerdotal que vit désormais « l'Église catholique d'Europe ».
(15.50 euros, 142 p.)
ISBN : 978-2-343-11604-4, ISBN EBOOK : 978-2-14-003205-9

L'ÉGLISE CATHOLIQUE ET LA SEXUALITÉ
Le message de l'Église en matière de morale sexuelle (fin XXe-début XXIe siècle), un problème d'ecclésiologie
Regards sur la France et le Liban
Germanos Germanos
La résistance qui existe dans le monde à l'égard du message officiel de l'Église catholique sur la sexualité et l'affectivité humaine ne touche pas que les chrétiens. Cependant et au cours de ces dernières années, le pape François a apporté à cette problématique un souffle nouveau de sérénité. C'est dans cet esprit que ce livre propose une relecture du message universaliste adressé par l'Église à chaque individu et à chaque couple dans son intimité singulière.
(50.00 euros, 548 p.)
ISBN : 978-2-343-09987-3, ISBN EBOOK : 978-2-14-003151-9

LE TOURNANT FÉMININ ET FÉMINISTE DE LA THÉOLOGIE AFRICAINE POSTCOLONIALE
Kibungu Bwanamuloko Dieudonné
Ce travail est motivé par les témoignages de nombreuses femmes violées et détruites dans leur être profond par les bandits armés qui terrorisent les populations civiles de la partie orientale de la République démocratique du Congo depuis bientôt vingt ans. Que peuvent faire l'Église catholique, la communauté et la société dans ces situations atroces et récurrentes ? Il s'agit ici d'un tournant féminin et féministe de la théologie africaine postcoloniale. Il est question de discerner la place et le traitement des femmes dans la société et l'Église congolaise en particulier, dans le monde en général.
(Coll. Afrique théologique & spirituelle, 19.00 euros, 180 p.)
ISBN : 978-2-343-11509-2, ISBN EBOOK : 978-2-14-003296-7

VALEUR DU BAPTÊME CHEZ LES PÈRES APOSTOLIQUES
Cas du pasteur d'Hermas
Agnigori Hippolyte - Préface du père Jean Sinsin Bayo
Selon le pasteur d'Hermas, la condition *sine qua non* pour participer à ce double événement décisif du salut est celle de recevoir le baptème. Dans l'attente de salut, que le pasteur d'Hermas, dans son langage symbolique, désigne sous l'image de la tour en construction, l'Homme doit être impérativement marqué de ce sceau et entrer dans la tour avant le terme de sa réalisation. Ce message du pasteur est clair et incisif : l'importance capitale du baptême pour avoir part à la vie éternelle.
(Harmattan Côte d'Ivoire, 12.00 euros, 94 p.)
ISBN : 978-2-343-11525-2, ISBN EBOOK : 978-2-14-003244-8

L'ÊTRE INACHEVÉ

Réflexions sur l'éducation dans les séminaires catholiques béninois

Djeguede V. Francis C.

Cet ouvrage pose la problématique de la crise de l'humain dans la manière de former dans les séminaires béninois. La crise du sacerdoce qui se décline à l'aune des scandales et des compromissions de l'Église n'est rien d'autre que le symptôme d'une situation plus profonde : une formation inadéquate dans les séminaires. Ce livre s'insère dans le contexte actuel et le dépasse en décrivant de l'intérieur les causes socioculturelles, structurelles de cette crise et propose une solution, un modèle d'apprentissage adapté au contexte béninois.

(Coll. Églises d'Afrique, 16.50 euros, 152 p.)

ISBN : 978-2-343-11366-1, ISBN EBOOK : 978-2-14-003196-0

LE PARFUM DE LA LUMIÈRE

Une anthologie de la sagesse bouddhiste

Paraskevopoulos John - Traduit de l'anglais par Ghislain Chetan

Voici un aperçu du fonds inépuisable de connaissance spirituelle que recèlent les innombrables Écritures et textes que compte la tradition bouddhiste. De telles anthologies existent, celle-ci vise un but particulier. Elle entend répondre aux besoins intellectuels et affectifs en s'attardant sur les passages pourvus d'une qualité poétique ou évocatrice (c'est-à-dire la beauté, tant sous le rapport du contenu que de la forme). Ces enseignements, qui s'étendent sur plus de deux mille ans, constituent ainsi un merveilleux dépôt de sagesse dont ce livre propose de rendre compte.

(Coll. Théôria, 20.50 euros, 210 p.)

ISBN : 978-2-343-11674-7, ISBN EBOOK : 978-2-14-003268-4

LA VOIE DE LA SAGESSE CHINOISE

Moioli Michèle

Cet ouvrage revient aux sources de la Voie de la sagesse chinoise, qui regroupent trois enseignements : confucianisme, taoïsme et bouddhisme. Mêlant philosophie et religion, ces trois doctrines se retrouvent dans les chefs-d'œuvre de la littérature classique ainsi que dans les contes et légendes, les maximes et les proverbes. L'auteur nous montre ainsi que « la » Voie de la sagesse chinoise n'est pas une mais multiple. Elle est comme un fleuve aux nombreuses ramifications car chacun à sa manière s'efforce de saisir la liberté et le bonheur, aspirations universelles des hommes.

(20.00 euros, 194 p.)

ISBN : 978-2-343-11698-3, ISBN EBOOK : 978-2-14-003289-9

L'HARMATTAN ITALIA
Via Degli Artisti 15; 10124 Torino
harmattan.italia@gmail.com

L'HARMATTAN HONGRIE
Könyvesbolt ; Kossuth L. u. 14-16
1053 Budapest

L'HARMATTAN KINSHASA
185, avenue Nyangwe
Commune de Lingwala
Kinshasa, R.D. Congo
(00243) 998697603 ou (00243) 999229662

L'HARMATTAN CONGO
67, av. E. P. Lumumba
Bât. – Congo Pharmacie (Bib. Nat.)
BP2874 Brazzaville
harmattan.congo@yahoo.fr

L'HARMATTAN GUINÉE
Almamya Rue KA 028, en face
du restaurant Le Cèdre
OKB agency BP 3470 Conakry
(00224) 657 20 85 08 / 664 28 91 96
harmattanguinee@yahoo.fr

L'HARMATTAN MALI
Rue 73, Porte 536, Niamakoro,
Cité Unicef, Bamako
Tél. 00 (223) 20205724 / +(223) 76378082
poudiougopaul@yahoo.fr
pp.harmattan@gmail.com

L'HARMATTAN CAMEROUN
TSINGA/FECAFOOT
BP 11486 Yaoundé
699198028/675441949
harmattancam@yahoo.com

L'HARMATTAN CÔTE D'IVOIRE
Résidence Karl / cité des arts
Abidjan-Cocody 03 BP 1588 Abidjan 03
(00225) 05 77 87 31
etien_nda@yahoo.fr

L'HARMATTAN BURKINA
Penou Achille Some
Ouagadougou
(+226) 70 26 88 27

L'HARMATTAN SÉNÉGAL
10 VDN en face Mermoz, après le pont de Fann
BP 45034 Dakar Fann
33 825 98 58 / 33 860 9858
senharmattan@gmail.com / senlibraire@gmail.com
www.harmattansenegal.com